KB172708

인도시장과 경영

이 한 상

(영산대 인도비즈니스학과 교수)

지식과교양

머리말

  인도는 1990년대 경제자유화이후 많은 변화가 있었는데 그 중에서도 대표적인 것은 경제와 관련된 자신감과 활력이다. 기업들은 과거 사회주의, 계획경제시절 정부의 인허가에 묶여 시설확장에서, 또한 정부가 전력, 항공, 발전, 정유, 철강 등 기간시설 분야에서 민간기업의 투자를 막고 공기업만이 활동하는, 규제정책을 씀으로써 움츠리고 억압된 시절에서 벗어나 기업 과 개인은 이제 자유롭게 결정하고, 과거 막혔던 거의 모든 분야에서 투자하고 사업하는 기업환경을 맞이하고 있다.

인도와 관련을 맺기 시작한 1990년대 초 델리에 살면서 경제자유화 이전의 분위기를 경험한 필자는 최근 인도를 방문하면서, 활력에 넘치고 밝은 분위기를 인도 곳곳에서 느낄 수 있어서 인도도 과거 이념에 젖었던 것에서 완전히 벗어나 우리가 생각하는 정상적인 시장경제 체제로 제대로 돌아섰음을 느낄 수 있어서 앞으로 인도경제에 대한 밝은 미래를 기대한다.

경제자유화 이후에 본격적으로 교류를 시작한 인도와 한국은 이제 서로를 알아가는 시기를 지나서 간절히 필요로 하는 단계에 와있다. 인도는 본격적으로 제조업을 발전시키는 데 있어 뛰어난 기술력과 발전경험을 전수할 수 있는 한국기업을 파트너로 원하고 있고, 한국 또한 제 2의 중국이라고 할 수 있는 넓은 시장과 우수하고 풍부한 인력을 갖춘 인도가 앞으로 지속적으로 필요하다. 이미 삼성, LG, 현대자동차는 인도인에게 친숙한 이름이 되었다. 지금까지 인도에 쌓은 좋은 이미지를 살려서 계속해서 제2의 삼성, LG, 현대자동차가 나오도록 우리 모두 애써야 하겠다.

이 책은 저자가 최근 3-4년간 틈틈이 써두었던 인도 산업 각 부문의 기업 및 경영에 대한 글을 모은 것이다. 주 내용은 인도 경제잡지 Business India의 내용을 참조했고, 그러면서 뭄바이 본사를 여러 차례 방문하면서 주 편집인(Executive Editor) Daksesh Parikh의 자문과 도움을 많이 받았다. 또한 본인이 재직하고 있는 영산대학교의 국제관계 전공 최영호 교수님은 교내 글로벌신흥시장정보의 편집인으로 본인의 원고를 매번 읽어주시고 수정해주셨다. 그 외 인도비즈니스학과의 동료교수님들과 학생들에게서 많은 격려와 도움을 받았다. 또한 학내 프로그램인 필드학기를 참가학생들과 같이 수행하고 인도 곳곳을 방문하면서 만났던 많은 한국기업인과 주재원들 또한 이 책이 나오도록 도움을 주었다.

　이 책이 인도와 비즈니스 관계를 맺고, 또한 앞으로 계획하고 있는 분들에게 읽혀져 안내와 도움이 된다면 더 바랄나위가 없겠다. 이 책에 있는 모든 오탈자 등 잘못은 본인의 책임이다. 그러면서 이 책을 돌아가신 어머님께 바친다. 끝으로 편집에 수고해주신 지식과교양 여러분께 감사를 표한다.

2016년 1월

이한상

차 례

Part 1

인도인, 해외여행. 금사랑, 중국진출,
고고도 우주로켓 발사성공

1-1. 세계 속의 인도인

인도인은 전 세계에 중국인 다음으로 많은 약 3천만 명이 인도밖에 진출해 살고 있다. 인도는 역사적으로 수많은 민족이 외부에서 침입 혹은 이주해와 사는 것으로 알려져 있으나 한편으로는 인도인들 역시 여러 목적으로 해외로 많이 진출했다. 기원전부터 동남아, 중국에 불교가 그리고 뒤이어 힌두교가 전파되고 또한 13세기 이후 무역을 통해서 동남아 등지에 이슬람교가 전파되면서 많은 인도사람들이 이주하고 영향을 끼쳐 캄보디아의 앙코르와트 등 곳곳에 인도문명의 유산을 남겼다. 근래에 들어서는 영국의 식민지시대에 대영제국 건설을 목적으로 많은 인도인들이 자의적 보다는 계약 등을 통해 세계 곳곳에 흩어져 있는 영국의 식민지에 보내졌다. 결과적으로 인도인들은 말레이시아, 싱가폴 등 동남아국가들을 비롯해 남아프리카공화국, 우간다, 모리셔스, 피지, 수마트라, 트리니다드 토바코, 가이야나, 캐나다, 영국, 미국 등 세계 곳곳에 진출해서 처음에는 사회적으로 낮은 지위에서 시작했으나 현재 대부분의 국가에서 주목받는 공동체로 우뚝 섰다.

영국으로부터 독립이후에도 인도인들의 해외진출은 계속되었다. 하지만 이번에는 대부분이 학생신분으로 기회의 땅인 미국으로 진출하였다. 2007년 유네스코(unesco)발표에 의하면 그 해 인도는 미국에 해외유학생으로 153,000명을 보냈는데 이는 중국 다음으로 많은 숫자였다. 그 결과로 인도인들은 미국사회에서 두각을 나타내고 있다. 특히 미국에서 인도인의 주된 활약 처는 교육과 관련되는 부문이다. 현재 미국의 대부분의 경제, 경영대학원에 인도인 교수들이 폭넓게 포진하고 있으며 컴퓨터관련학과도 마찬가지이다. 한 통계에 따르면 교육을 인도에서 받고 후에 미국으로 이주에 활동하는 인도인을 포함해서 미국에서 의사의 38%, 미항공우주국(NASA)과학자의 36%, 일반과학자의 12%가 인도인이라고 한다. 그리고 컴퓨터회사에도 상당수의 인도인이 근무하고 있다.

또한 인도인들은 다국적회사의 경영진으로도 폭넓게 포진해 있는데 Google의 Sundar Pichai, Citibank의 비끄람 판딧 CEO 등이 대표적이다. 또한 미국 모텔업계의 50%, 호텔업의 37%를 인도인들이 소유하고 있다고 한다. 인도인들의 미국정계의 진출도 활발하다. 현재 주지사 2명, 루이지아나주의 바비 진달(Bobby Jindal)과 사우스 캐롤라이나주의 니키 할리(여성, Nicky Haley)가 인도계이며 국제개발청장(USAID)인 라지브 샤(Rajiv Shah)를 비롯해 많은 인도인들이 미국 곳곳의 공공부문에서 활약하고 있다. 또한 전 세계문화계에서 작가 살만 루시디(Salman Rushdie), 지휘자 주빈 메타(Jubin Mehta) 등 많은 인도인들이 활동하고 있다.

• •구글 CEO Sundar Pichai(자료, 구글)

1-2. 해외여행

인도경제가 지난 20여 년간 경제자유화를 통해 국내외적
으로 위상이 높아지면서 그동안 주로 국내에 머물던 인도인
들의 해외여행이 급격히 증가하고 있다. 2012년 인도인들은
국내에서 약 7억 5천만 명이 여행했고, 해외로 나온 인도인
들은 일천이백만명이나 되었다. 최근 몇해 동안 인도인의 해
외여행객 증가는 매년 15% 이상이다. 이들이 해외에서 사용
하는 금액도 2000년 27억 달러에서 2010년에는 130억 달러
로 약 5배가량 증가했다. 2009년도 인도 관광청조사에 따르
면 인도인들이 가장 많이 방문한 나라인 쿠웨이트와 싱가폴
에 각각 73만명, 태국과 말레이시아에 60만명, 미국과 중국
이 각각 55만명, 45만명, 홍콩과 아랍에미레이트가 각 35만
명, 영국과 사우디가 25만 등으로 뒤를 잇고 있다.

인도인들이 그동안 전통적으로 했던 가족을 동반하고 유명
관광지를 방문하면서 즐기는 관광과 쇼핑이외에도 차츰 다양
한 현지의 문화를 체험하려는 성향이 증가하고 있다. 여행을
통해서 느끼는 가치가 중요성을 더하고 있다. 스피드 자동차
경주대회 포뮬러 원이라든지, 사파리, 스쿠버다이빙, 바다낚
시, 텐트숙박, 옛성 숙박 등 취미나 이색경험을 즐기려는 여
행도 늘어가고 있다. 이외에도 달라진 인도인의 해외여행 패

턴은 그동안 여러 해에 걸쳐 해외여행을 계획하고 한번 몰아서 하던 것과 달리 한해에도 여러 차례로 나누어서 하고 적어도 한번은 주말을 끼면서 장기간으로 하려는 성향이 증가했다는 것이다.

2011년 색다른 여행지인 핀란드를 방문한 인도인도 5만 6천명에 달했는데 이는 전년도에 비해 17% 증가한 숫자였다. 따라서 핀란드 관광청은 2012년 산타의 고향 등 관광소재를 부각시키면서 델리와 뭄바이에서 여러 차례 홍보행사를 가졌다. 또한 유명 인도 영화배우를 핀란드 관광대사로 임명하는 등의 전략으로 관광객 유치에 열을 올리고 있다. 그동안 떠오르는 인도관광시장에 주목하면서 힘을 쏟은 싱가폴, 태국 외에도 새로이 타이완, 스페인, 호주 등이 인도관광객 유치에 열정을 쏟고 있다. 타이완은 음식, 벼룩시장, 쇼핑 등을, 호주는 포뮬러원, 축구, 패션 등 각국의 특색 있는 관광 상품을 소개하고 있다. 한국관광공사도 2008년부터 뉴델리에 지사를 설치하고 인도관광객 유치에 힘쓰고 있다. 우리나라를 방문한 인도관광객은 2011년 8만 6천명으로 이는 전년 대비 18.9%가 증가한 숫자이다. 새로운 상품개발 등을 통해 앞으로 더 많은 인도인들이 한국을 방문하길 기대해본다.

•• Agra에 위치한 Taj Mahal

1-3. 금 사랑

　인도는 기원전부터 이집트, 이스라엘, 로마제국 등에 코끼
리 상아, 향나무, 비단 등 특산물을 수출하면서 서구세계에
인도가 황금의 나라라는 동경심을 갖게 했다. 중세에 이르
러 유럽인들은 이슬람세계로 인해 인도와의 육상교역이 막히
자 해상으로 전환하여 1498년 포르투칼 사람 바스코다 가마
(1460~1524)가 아프리카 해안을 돌아 인도에 도착해 해상항
로를 처음으로 개척하였다. 비록 인도에서 예상만큼 금과 은
을 발견하지 못했지만 서방세계는 그 후 인도에서 후추 등 향
신료를 수입하면서 교역을 확대해 나갔다.

인도인은 금을 무척이나 사랑하고 금은 인도인의 생활 속에서 특별한 지위를 차지한다. 경사스러운 행사에 금을 주는 것은 인도전통의 중요한 부분이다. 금은 소지자의 사회적 지위를 나타내고 행운을 가져온다는 믿음으로 축제 등 경사스러운 일이 있을 때 소비가 늘어간다. 인도에는 매년 약 일천만번의 결혼예식이 벌어지는데 이 또한 많은 금으로 된 장신구를 필요로 한다. 이를 위한 인도의 귀금속시장 규모는 연간 약 12,000억 루피(약 240억 미 달러)이고 이중 약 80%는 금이 차지하고 있다.

인도는 금소비의 대다수를 수입에 의존하면서 수입이 매년 증가하고 있고 2011년 전 세계 금소비의 약 1/4을 차지하는 900여 톤의 금을 수입하면서 약 600억 달러를 소비하였다. 금수입이 합법화된 2001년 이후 지난 10년간 금 수입은 금액으로 매년 29%씩 증가하여 인도의 대외수지에 커다란 부담을 주고 있다. 이에 인도정부는 최근 금 수입을 줄이고자 금에 대한 관세를 2%에서 4%로 올렸으나 지속적으로 상승하는 금값으로 인해 외화 지출은 크게 줄지 않고 있다.

인도에서 금소비가 증가하는 이유는 높은 경제성장으로 인한 가처분소득 증가, 젊은이들의 소비성향 그리고 금을 주로 구입하는 일하는 여성의 급격한 증가 때문이다. 또한 한해 두

자리수를 넘는 높은 인플레이션율은 사람들로 하여금 금이 최적의 재산유지 수단이다라는 생각이 들게 한다. 인도주식시장도 세계경제의 영향으로 등락을 거듭해 투자자산으로서의 믿음이 덜하고 또한 미국을 필두로 세계 주요 국가들이 경기침체를 막고자 화폐를 지나치게 발행하면서 유동성 과잉상태에 이르러 투자자산으로 금을 선호해 금값을 올리는 것도 인도인들에게 금을 선호하게 하는 원인이다.

•• 타타의 보석체인점, Tanishq

인도인들은 지난 10년간 금 가격이 지속적으로 상승함으로써 금이 좋은 투자수단이라는 것을 알게 되었다. 국제금값은 1980년부터 2000년까지의 침체기를 벗어나 2001년부터 상승하기 시작해서 지난 10년간 금에 대한 투자 시 년 평균 수익률은 10.6%로 많은 나라에서 부동산과 함께 최고의 투자자산으로 꼽혀왔다. 금을 포함해 모든 것에 있어서 침체기 및 굴곡이 있지만 많은 이들은 금의 상승국면이 앞으로 몇 년간은 지속할 것으로 예측하고 있다.

최근 인도 금소비자들은 금 소비에 있어서 금장신구 대신에 금 동전 즉 금화(화폐)의 구입을 늘려가고 있다. 이는 금장식은 세공비가 들어가고 또한 세공과정에서 순도가 떨어질 수 있는 반면 금화는 이와 같은 불확실성과 세공비가 거의 없다라는 점에서 금의 소지자에게 손해를 끼치지 않는 것이 금화 구입증가에 영향을 끼치고 있다. 이와 같은 금장식의 세공비는 금화 소지에 비해 약 20%정도 손해를 끼칠 수 있다라고 한다.

금화는 순도가 보장되고 공공은행이나 민간은행 할 것 없이 은행에서 쉽게 구입할 수 있다 라는 점도 금화에 대한 수요증가의 이유이다. 2012년 금화가 각 인도은행에서 팔린 양은 18톤 정도이다. 금화의 소비와 아울러 인도투자가들은 2007년부터 인도시장에 소개된 금에 투자하는 펀드(Exchange Traded Fund(ETF))로 수요가 몰리고 있다. 이와 같은 금펀드에 대한 투자는 일반 개인 들 뿐만 아니라 여유자금이 있는 중소기업들로부터도 몰리고 있고 지금까지 금펀드에 모인 자금은 1,120억 루피(약 22.4억 달러)이다. 앞으로도 금과 관련된 투자 및 소비는 인도에서 당분간 지속될 것으로 예측된다.

1-4. 중국 진출

과거 인도미디어에 나오는 중국관련 뉴스를 보면 보통 인도와 중국 국경사이에 군대가 집결했다든지 아니면 인도외교관이 중국내에서 손찌검을 당했다든지 하는 등 양국관계의 긴장을 보여주는 뉴스가 상당수이었다. 하지만 2000년 들어 양국 간의 교역이 활발해 지면서 긴장이 줄어들고 있고 이와 함께 상대방 국가에 진출하는 기업과 사람들이 늘고 있다. 중국기업들의 인도 진출과 함께 인도상인 및 기업의 중국진출도 두드러지고 있다. 현재 인도인들은 중국의 상업중심인 상해 및 인근지역 광조우, 심천 등 항구도시에 많이 거주하는데 상해에는 3천명에서 4천명, 상해인근 장수성의 소주와 저장성의 이위에 각각 1천명 가량이 거주하는 것으로 알려져 있다. 저장성의 이위는 중국인들의 물류나 도매시장이 밀집해 있어서 이곳에 인도와의 교류를 중개하는 인도상인들이 많이 진출하고 있다.

• • New Delhi Lenovo 상점간판

현재 중국에서 인도를 상징하는 기업은 IT, 제약 및 식품분야이다. 이 분야에 대한 인도투자는 중국에 매력적으로 다가 갈 수 있다. 중국에 진출한 IT-서비스기업, 인포시스(Infosys)는 인도를 대표하는 기업이다. 인포시스는 중국에 100% 단독투자로 진출했는데 2011년 9월 기준으로 약 3,500명을 고용하고 인포시스 전체매출 약 70억 달러의 1~1.5%를 중국에서 올리고 있으며, 이것을 2015년까지 인원은 3배, 매출은 전체의 5%까지 늘릴 계획이다. 그러면서 인포시스는 2013년 1억 5천만$을 투자한 새로운 개발센터를 상해에 오픈했다. 이는 인도를 제외한 전 세계에서 가장 큰 규모이다. 그러면서 중국 현지화에 힘을 쏟고 있는데 효과가 있어 2009년에는 중국에서 인포시스 전체인원의 15%가량이 인도인이었으나 2014년에는 6~8%로 줄어들었다.

반면 인도제조기업의 중국진출은 대기업보다는 중소기업을 중심으로 이루어지고 있다. 뭄바이에 본사를 둔 Technocraft 는 안후이(Anhui)성에 드럼닫개(drum closure)공장을, 뱅갈로르의 ACE Micromatics는 자동화 절삭공구를 중국에서 생산한다. 그 이외에도 수출입 등 교역에서 많은 인도회사들이 중국에 진출하고 있고 중국에 진출한 인도회사들은 수백 개에 이른다. 하지만 그에 비해 인도에 진출한 중국회사들의 숫자는 아직까지는 적은 편이다. 이것은 인도가 중국인들에게 다른 지역보다 매력이 떨어지는 시장으로 여겨지기 때문이다. 또한 중국회사들의 강점은 상표가 아니라 자본설비와 프로젝트투자이다. 국제적으로 잘 알려진 인터넷 장비회사 화웨이(Hwawei)는 인도 내에서 중국회사라는 보이지 않은 불리함으로 인도화 하려고 노력하고 있고 또 다른 회사인 하이얼, ZTE 등도 대대적인 광고보다는 저렴한 가격 등 실속을 강조하면서 사업을 하고 있다. 컴퓨터회사인 레노보도 아직 중국회사임을 드러내기 보다는 인수한 IBM컴퓨터 상표를 계속 사용하고 있다.

최근 인도가 베트남 해상유전 탐사에 협력한다 라는 뉴스에 중국에서는 인도가 중국인근 바다에서 석유탐사를 할 권리가 없다라고 흥분하고 있다. 중국이 인도를 보는 시각은 미국이 드러나지 않게 인도를 부추기고 중국을 적대시 하게끔 한다고 생각한다. 양국은 이와 같은 사고를 냉정하게 돌아보아야 할 시점에 도달했다. 2011년 양국의 교역은 630억 달러에 도달했고 2015년에는 1000억 달러에 이를 것으로 예상한다. 중국거주 인도인들이 늘어감에 따라 그들이 느끼는 어려움도 많이 알려지고 있다. 가장 큰 어려움은 언어소통의 문제이다. 인도인들이 언어로 인해 중국에 거주하는 한계는 통상 18개월이라고 한다. 또한 언어장벽 때문에 인도인들이 중국내에서 직장을 옮기는 것도 쉽지 않고 이 때문에 불법체류도 늘어가고 있다. 반면 과거 인도인들이 적었을 때에 비해 음식, 병원 등의 문제는 많이 개선되었다. 외국인 상담의사가 생겨나고 인도상점, 인도레스토랑 등이 여러 곳 생겨나서 인도인들뿐만아니라 중국인들도 자주 찾고 있다.

1-5. 고고도 우주로켓 발사 성공: 저온 액화 연료 엔진 기술사용

인도우주연구소(Indian Space Research Organization,

ISRO)는 2014년 1월 전 세계에서 미국, 유럽, 러시아, 중국, 일본의 5개 국가만이 기술을 보유하고 있는 마이너스 250도의 저온 액화연료 엔진기술(Cryogenic Rocket Technology)에 기반을 둔 고고도 우주로켓(Geo-stationary Satellite Launch Vehicle, GSLV)개발에 성공했다고 발표했다. 인도는 이 기술을 활용해서 지구로부터 약 36,000km 떨어진 정지궤도상에 2톤 혹은 그 이상의 통신, 기상위성을 쏘아 올릴 수 있게 되었다. 이 기술은 가스가 저온 액화를 통해 부피가 줄어드는 이치를 활용한다. 저온상태에서 부피가 줄어든 액화산소와 액화수소는 로켓연료로서 혼합 사용되고, 연소하면서 약 3,000도의 고온과 강력한 추진력을 발휘한다. 인도는 이 기술을 개발하는데 1990년대 초반부터 지금까지 약 20여 년이 걸렸는데 특히 저온액화 과정에서 잘 깨지거나 부서지는 로켓엔진부품 및 용기로 사용하는 금속을 견고히 하고 성능을 발휘하게 하는데 오랜 시간이 걸렸다.

일찍이 1960년대 초, 인도는 개발도상국이지만 국가 발전과 사회목적을 위해 우주기술의 잠재력을 인식하고 처음에는 대기권의 여러 가지 현상을 조사하기 위해 프랑스와 미국으로부터 몇 개의 로켓과 날씨조사를 위한 기구의 도움을 받아 우주관련 연구를 시작했다. 그러면서 인디라 간디 전 수상과 같은 정치지도자의 적극적인 지원 하에 인도는 위성을 디자

인하고 로켓을 개발하기 시작했다. 초기에는 러시아, 프랑스 그리고 1972년 인도가 핵 실험을 하기 전에는 미국도 인도의 로켓연구에 도움을 주었다. 인도국방부 또한 군사목적의 로켓을 개발하는데 힘을 쏟았고 인도는 곧 고체연료 로켓 발사를 성공시켰다. 액체연료 로켓개발은 프랑스의 기술제공으로 시작했으나 인도는 곧 기술제공국인 프랑스를 놀라게 할 정도로 기술의 발전을 이루었다.

•• 2014년 1월 5일 첸나이 인근 Sriharikota 우주기지에서 성공적으로 발사되는 인도의 GSLV 로켓

이와 같은 고체 및 액체연료 로켓의 발전이 인도가 1970년 대 중반부터 지금까지 사용해온 위성발사 로켓기술의 토대가 되었다. 인도가 그동안 사용해온 로켓기술은 Polar Satellite Launch Vehicle(PSLV)이라고 불리는데 이는 추진력이 강력하지 않아 무게 1톤 미만의 위성을 지상 400~ 1000km까지의 지구 저 궤도에만 올려놓을 수 있었다. 인도는 인도우주연구소(ISRO)에서 제작한 통신, 기상예보, TV청취, 지구관찰과 자원관리, 재난관리, 원거리교육, 항해, 지도제작, 해양 그리고 정찰목적의 자체 인공위성 뿐 만아니라 저궤도에 저중량의 인공위성을 보내고자 하는 해외 여러 나라들로부터의 상업목적 위성발사도 함께 하고 있다. 인도는 지금까지 74개의 자체위성과 35개의 해외위성을 쏘아 올려 세계 각지로부터 비용을 고려한 효율성과 기술력을 인정받고 있다. 특히 PSLV 로켓을 사용해 인도가 자체의 달 궤도 진입위성(2008년)과 화성 궤도진입위성(2013년)을 쏘아 올리면서 해외전문가들로부터 기술력을 인정받아 상업목적의 위성발사에도 큰 기대를 하고 있다. 2014년에도 프랑스, 독일, 영국, 싱가포르 국가들로부터 위성발사 예약을 받았다. 인도는 지금까지 무게 1톤 이상의 통신 및 기상위성을 쏘아 올리는데 프랑스의 상업위성발사체인 아리안느에 의존해왔지만 앞으로는 이번에 개발된 GSLV 기술을 활용해 무게가 나가는 위성을 자체적으로 우주 정지궤도로 보내려고 한다. 그리고 인도는 이

GSLV 기술을 업그레이드해 4~5톤의 위성을 우주로 보내면서 본격적인 달과 화성탐사, 그리고 유인 우주탐사를 계획하고 있다.

한국과 인도의 위성발사 협력관계는 지난 1999년 한국이 인도의 첫 번째 외국위성 발사 국이 된 인연을 갖고 있다. 그후, 한국은 자체적으로 위성 발사를 목표로, 꾸준한 연구와 투자를 지속해 지난 2013년 1월 우리 영토에서 처음으로 위성을 탑재한 나로호 로켓 발사를 성공시켰다. 하지만 나로호는 러시아가 개발한 액화연료를 기반으로 하는 로켓으로 한국의 우주산업은 앞으로 연구와 개발을 통해 많은 도약을 이루어야 하는 과제를 안고 있다. 그런 면에서 한국과 지난 50년 동안 인공위성 발사와 제작을 통해 기술력을 축적한 인도와의 협력을 기대해 본다

Part 2

프랜차이즈, 기업의 사회적 책임,
마사지로 산모와 아기를 돌보는 기업,
경영대학원

2-1. 프랜차이즈 사업

여러 국제적인 브랜드의 회사들이 그동안 이머징 마켓의 장래이익을 기대하고 인도에 진출했으나 유연하지 않은 정부 규제와 계약 집행의 어려움으로 인해 사업이 기대만큼 성공을 거두지 못했다. 반면, 인도의 경제성장률이 최근 낮아지고, 사회 전반적 분위기가 가라앉아 있는 것처럼 보여도 인도 중산층 및 그들의 소비욕구는 식을 줄 모르고 증가하고 있다. 인도 사람들이 맥도널드, 도미노피자 등 브랜드 제품을 선호하는 분위기는 대도시를 넘어 지방 중소도시로 확대되고 있다. 이와 같은 브랜드 선호에 힘입어 지금까지 몇몇 식품, 의류 등 소비재 상품에 제한적이었던 프랜차이즈 사업이 인도

전 산업으로 확대되고 있다.

•• 델리와 구르가온 쇼핑몰내부 프랜차이즈점

　최근 컨설팅회사 KPMG와 인도 프랜차이즈 협회 (Franchising Association of India)의 보고서에 따르면 인도의 프랜차이즈 산업은 2012-17년 기간 동안에 점포 숫자 및 매출이 각각 매년 약 30%씩 증가해 4만 5천 점포에서 16만 8천 점포 그리고 134억 달러에서 510억 달러로 약 4배 증가할 것으로 예측한다. 이는 인도 명목 GDP에서 차지하는 비중이 현재 1.4%에서 4%로 증가하게 될 것이다. 특히 이 보고서는 인도에서 소비자를 상대하는 금융, 택배, 건강과 복지, 그리고 음식서비스에서 약 10만개의 프랜차이즈 점포가 생겨나고 또한 소매분야에서도 프랜차이즈 점포수가 현재의 약 1만 3천 여 개에서 약 4만 3천 여 개로 확대될 것으로 예측한다.

초기 프랜차이즈 방식으로 운영하면서 전반적으로 성공적이지 못하였던 인도 호텔산업에서도 지금은 점차로 프랜차이즈 방식이 자리를 잡아가고 있다. 특히 많은 물량과 대중을 상대하는 중간급 호텔에서 프랜차이즈 성공 확률이 높게 나타나고 있다. 여기서 프랜차이즈 사업자는 현지 호텔을 소유하지도 관리하지도 않고, 지원은 하되 이름만 빌려주고 프랜차이즈 가맹자가 관리 및 운영 까지 도맡아 한다. 가맹자는 사업자에게 매출액의 1%를 지불한다. 반면 프랜차이즈 사업자는 판매, 마케팅, 자금관리 등을 지원한다. 인도에서 프랜차이즈 방식의 대표적인 호텔사업자는 Starwood 이고 Aloft 와 Four Points by Sheraton 브랜드로 사업하고 있다.

지금까지 인도에서 성공을 거뒀다고 평가 받은 프랜차이즈는 주로 미국 브랜드 였다. 미국 브랜드는 일관성, 고객위주 영업, 브랜드관리 그리고 소비자들에게 인도에 들어오기 전부터 알려진 브랜드가 많아 타국브랜드에 비해 상대적으로 우위를 점했다. 빠른 레스토랑 서비스(quick restaurant service)로 이름이 나있는 미국 브랜드 Subway는 2000년에 인도에 들어온 이후 2013년 73개 도시, 376 점포로 확대되었다. Subway는 본사 소유 점포 없이 프랜차이즈만으로 전 세계적으로 영업을 하고 약 39,000개가 분포되어 있다. 전문가들이 내리는 인도Subway의 성공은 낮은 초기 투자비용(점포당 평균 4백만 ~6백만 루피, 미화 약 8만~10만 달러), 단순 작업 그리고 유연한 매장 배치가 프랜차이즈 가맹자에게 매력으로 다가왔다고 평가한다. 인도Subway는 2015년까지 650 점포로 확대할 계획이다.

프랜차이즈 사업자들은 인도에서 프랜차이즈 가맹자를 선택할 때 가맹자의 영향력 등 현지의 경험과 지식을 존중한다. 외국계 의류브랜드인 퓨마 인디아(Puma India)는 현지인의 능력을 고려해 5~6개의 매장을 스스로 운영할 수 있는 가맹자를 찾고 있다. 프랜차이즈 가맹자들 또한 매년 30~40%로 성장하면서 위험이 적고 안정적이면서 고수익이 나기 때문에 프랜차이즈 사업을 선호하고 있다.

이와 같은 프랜차이즈 사업은 최근 범위가 지금까지의 소매, 의류, 식음료 등에서 여행업, 보석판매점, 직업교육 및 아동학습 분야, 스파, 미용실, 헬스센터 등 서비스업으로 빠르게 확대되고 있다. 온라인 포털 여행업체인 makemytrip.com은 2011년 오프라인으로 사업을 확대하면서 프랜차이즈를 시작했고 현재 49개 도시, 61개 점포 중에서 40개가 프랜차이즈 점포이고 매출의 30% 이상을 차지하고 있다. 또한 대표적 인도의 보석판매업체인 Gitanjali Jewels는 전체적으로 391곳의 프랜차이즈 점포와 259곳의 직접운영 점포를 두고 있고 매출의 23%를 프랜차이즈로 판매하고 있다. 미용업체 Jawed Habib는 99루피(약 2달러) 헤어컷으로 시작해 단기간에 92개 도시에서 367개 프랜차이즈 미용실을 운영하고 있으며 미용학원, 요가를 접목한 헤어요가 등의 다른 포맷을 추가하고 있다.

여러 프랜차이즈 관련 전문가들은 인도시장의 성장전망에 대해 낙관하면서도 인도 고객들은 여타 나라와 상당히 차이가 있으므로 인도 문화와 고객을 이해하면서 천천히 접근하라고 조언한다. 그러면서 프랜차이즈 가맹자의 실적보다 낮은 판매보고, 가맹자들이 단기간에 프랜차이즈를 습득한 후 독립해 유사한 프랜차이즈 창업 등 여러 불만을 쏟아내고 있다. 또한 인도에서 프랜차이즈 사업은 아직 프랜차이즈 특별

법이 부족하고, 관련법에 따라 절차와 해석이 복잡하고 동질
적이지 않기 때문에 외국계 프랜차이즈 사업자들은 혼란스러
워한다. 따라서 단독으로 사업을 하기 보다는 주로 인도인 사
업자와 합작하거나 특정 현지인이나 사업자에게 전권을 주는
마스터 프랜차이즈(master franchise agreements)를 채택
하고 있다.

2-2. 기업의 사회적 책임활동(CSR)

인도인 중에 3번째 부자이면서 대표적 IT기업, 위프로
(Wipro)의 창립자인 아짐 프렘지(Azim Premji)는 2013년 위
프로의 주식 12%, 약 1,230억루피(22억 달러)를 그가 2001
년 1.25억 달러를 기부해 인도의 초등교육 향상을 위해 세
운 아짐 프렘지 재단에 기부한다고 발표하였다. 이번 기부
는 2010년 약 20억 달러의 위프로 주식을 기부한 것을 포함
해 3번째 이다. 인도는 돈 많은 부자들이 가난한 사람들을 위
해 자선을 하는 오랜 전통이 있다. 인도의 대표적 기업인 타
타(Tata)그룹의 지주회사 주식의 60% 이상이 설립자 가족
이 세운 자선재단에 속하고, 그룹에 속한 기업들은 별도로 매
년 이익의 2%이상을 사회봉사에 사용하고 있다. 인도에서는
자선의 약 60%가 종교단체에 제공되는데 이는 힌두교를 믿

•• 천주교 재단에서 운영하는 뱅갈로르 크라이스트 대학교와 학생들

는 인도인들이 가족이 섬기는 신을 사업의 동업자로 여기기 때문에 사업을 통해 얻어지는 이익을 동업자인 신에게 드리는 것으로 당연시 해왔다. 기부를 받는 종교단체는 그동안 자

체적으로 지역사회에 자선을 베풀면서 학교, 병원, 고아원, 사원건립 등에 사용해 왔다. 힌두들의 자선을 의미하는 단(Daan), 세와(Sewa), 무슬림의 자캇(Zakat)은 단순히 주는 것만이 아니라 공동체에 대한 의무로 여겼다. 마하트마 간디도 재물을 소유로 여기질 않고 맡아서 관리하는 것으로 생각했다.

　인도는 독립이후 빈곤문제를 해결하기 위해 국제사회의 도움을 받으면서 정부주도로 많은 계획과 프로그램을 실천해 왔으나 2014년 말, 세계빈곤 인구의 약 40%가 존재할 정도로 여전히 가난한 나라이다. 그 동안의 사회주의 계획경제 프로그램의 정부지출은 계획의 실행과 영향을 충분히 고려하지 않으면서 낭비적이었고 부패와 누수가 심해 효율적인 빈곤퇴치가 이루어지질 않았다는 평가를 받는다. 또한 현재의 빈곤퇴치는 과거와 달리 단순히 돈을 필요로 하는 사람, 단체에 주는 것을 넘어서 복잡한 사회문제로 이루어지고 있으면서 다른 단체들과 함께하는 것이 필요하다고 여겨진다. 그러면서 돈만이 아니라 참여자의 관심과 관여하는 단체에 영향력을 추가함으로써 변화를 가져올 수 있다는 인식으로 바뀌고 있다.

　따라서 인도정부는 빈곤 문제해결에 정부만이 아니라 기

업이 본연의 이익추구이외에도 사회적 가치를 창출하는 역할을 함께 할 것을 기대하고 있다. 이에 인도는 2014년부터 세계 최초로 기업의 사회적 책임(Corporate Social Responsibility, 이하 CSR))을 의무적으로 하게 하는 법안을 통과시켰다. 이 법안에 따르면 기업의 순자산이 50억 루피(약 1억 미 달러) 이상, 연매출 100억 루피(약 2억 미 달러) 그리고 순이익 0.5억 루피(약 100만 미 달러)이상인 기업은 최근 3년간의 평균이익의 2%이상을 CSR에 사용하도록 의무화 했다.

인도에서 활동하는 회사들은 한편에서는 이 조항들이 너무 애매하다거나, 또 다른 사회적 세금이라고 느끼면서 법망을 벗어날 궁리를 하고 있다. 또 한편에서는 인도에서 CSR 활동을 의무적으로 하는 것에 우려를 표하고 대신 기업으로 하여금 CSR이 경영에 좋은 결과를 가져오는 지름길이라는 자각을 깨우치도록 해야 한다고 주장하는 사람도 있다. 그렇지만 대부분의 회사들은 CSR 활동을 긍정적으로 받아들이면서 어떻게 할지를 강구 중이다. 사회적 책임의 이행에서도 회사가 직접적으로 행하는 경우도 있지만 실제로 돈을 집행하는 것을 다른 전문기관이나 헌신적인 개인에게 맡기는 것도 사회적 책임완수를 위한 좋은 방안이 될수 있다라고 주장한다.

인도에는 수많은 자선단체와 약 3.3백만의 비정부기구 (Non-governemtn Organization, NGO)가 활동하고 있지만 의심스러우면서 거짓의 단체들도 여럿 있다. 그러면서 사회적 실천에서 과거의 주된 관행이었던 단순히 주고 관리하지 않는 것과는 다른 접근방식을 요한다. 사회적 변화를 가져오기 위해서는 돈도 필요하지만 시간, 영향력, 기술, 노하우 등도 커다란 역할을 할 수 있다. 결국 문제해결을 위해서는 기업의 사회활동 참여와 이행에 따른 효과를 측정하고 또한 개선에 이르도록 조언하는 것이 필수적이다.

기업은 CSR을 통해 윤리적으로 행동하고 종업원과 그 가족들의 복지를 증진시키고 또한 지역공동체, 더 나아가 사회의 복지에 대해 지속적으로 공헌하는 것이 요구된다. 인도에서 활동하는 여러 기업들은 CSR 법안이 통과되기 전부터 회사의 성공은 사회의 복지와 불가분의 관계를 맺고 있다라는 인식하에 사회봉사활동에 참여해왔다. 오랜 기간 동안 기업 활동을 해온 타타, 빌라(Birla), 바자즈(Bajaj) 그룹을 비롯해 최근 성장한 릴라이언스(Reliance), IT기업 인포시스(Infosys), 제약기업 시플라(Cipla) 등 인도기업들, 인도에서 활동하는 외국기업들은 사회적 활동의 프로젝트를 주로 공장 인근의 공동체로부터 시작해 교육, 건강, 위생, 환경 등 삶의 질 향상에 관심을 두고 활동해왔다.

외국 소비재기업 프록터 앤 갬블(Proctor & Gamble)은 2005년 이후 200개 이상의 학교에 약 2.7억 루피(500만 미달러)를 기부하고 학생들이 디지털 도서관 및 원격 학습프로그램을 이용할 수 있도록 돕고 있다. 인도 제약기업 Cipla는 여러 곳의 비영리단체와 협력하여 말라리아, HIV/AIDS 등의 질병 약을 저렴한 가격에 복용하도록 돕고 있고, 또한 말기 암환자와 그 가족을 위한 돌봄 센터를 무료로 운영 중이다. 그러면서 HIV에 감염된 아이들을 위한 Manavya 라는 단체를 지원하고 있다. Coca-cola India는 케랄라 주 플라치마다(Plachimada)에서 지하수를 고갈시키고 오염시킨다라는 비난을 받아왔지만 물 보존 운동을 벌이고 있다. 이 회사는 인도에서 800개의 빗물수집 설비를 설치하고, 댐(Dam)을 조사하고, 많은 보(Lake)를 활성화시키는데 참여하고 있다. 그 외에도 계단우물과 전통연못을 포함해서 여러 전통 물 관련 구조물을 보수하고 활성화시키는 일에 참여하고 있다.

기업들은 또한 사회적 활동을 자체 활동과 연관시켜서 하고 있다. 인도 제1의 건설업체, 라슨 앤 투브로(Larsen & Toubro)는 건설인력 양성을 위해 아메다바드(Ahmedabad), 뱅갈로르(Bangalore), 델리(Delhi), 하이드라바드(Hydrabad), 콜카타(Kolkata)에 훈련센터를 세워 운영하고 있다. 기업들도 이와 같은 사회적 봉사활동을 함으로써 간접적인 이익을 얻고 있다고 느낀다. 최근 통계를 보면 회사에서 자주 봉사활동을 하는 종업원은 그렇지 않은 종업원에 비해 회사에 만족하고 충성심을 느끼는 비율이 높고 또한 회사에서 경력을 쌓는 것과 사용자 측에 대한 만족감이 높게 나온다는 발표가 있다. 결국 회사가 사회적 봉사에 적극 참여하는 것이 종업원을 회사에 붙드는 하나의 방안이 된다. 한국 기업들도 그동안 알게 모르게 인도에서 많은 사회적 봉사활동을 펴왔다. 하지만 앞으로는 좀 더 적극적으로, 체계적으로 또한 지속적으로 해서 인도에서 더욱 환영받는 기업이 되었으면 한다.

2-3. 인도에서 마사지로 산모와 아기를 돌보는 기업: 수티카(Soothika)

인도에서 출산과 관련해 산모와 아기의 사망률을 획기적으로 줄이면서 저소득층 가정의 생계에 도움을 주는 여성일자리 창출 기업이 인도남부 케랄라 주에서 생겨나 화제가 되고 있다. 수티카(Soothika)라는 이 기업은 원래 인도의 전통 자연치료 의약 체계인 아유르베다(Aurveda)에 쓰이는 오일 판매업에서 3년 전 200만 루피(약 3만 오천 달러)의 자본투자로 사업을 시작해 처음에는 별 진척이 없었으나 3년째인

2014년 매출을 그 전해에 비해 12배나 상승한 2,500만 루피 (약 43만 달러)를 거두었다. 수티카는 여성이 출산 후에 전통적인 아유르베다 마사지를 통해 분만과 관련된 불편과 고통이 완화되어지고 또, 요즘과 같은 핵가족시대에 산모와 아이는 외부로부터 도움을 필요로 하고 이와 같은 마사지 서비스를 시도한다는 믿음을 가지고 사업을 시작했다. 또한 수티카는 작지만 하는 일이 사회적 서비스와 관련이 있으면 살아남을 수 있다는 생각도 하였다. 수티카의 사업은 출생과 관련한 스트레스로부터 산모와 아기가 벗어나도록 고전음악에 바탕을 둔 현대적 음악요법을 스마트폰 앱에 담아 들려주면서 인도 전통 아유르베다 마사지를 하는 것이다. 수티카는 이를 위해 주로 저소득층의 여성을 전통적인 아유르베다의 마사지 방식으로 산모와 아기의 출생과 관련된 치유자의 역할을 훈련시킨다.

•• Ayurveda 방식의 마사지 치유법(구글 자료), 오일 및 염색약(헤나)

수티카는 이 사업에서 케랄라 주정부가 하는 여성주도의 공동체 빈곤퇴치 프로그램(쿠둠바스리, Kudumbasree)의 지원을 받고 있다. 작년 수티카가 Kudumbasree의 한 프로그램에 참가해서 약 750명의 수티카 프로그램 참가자를 모집했고 이들에게 아유르베다 마사지 치유법을 익히게 했다. 이 마사지 치유학습은 1일 2시간씩 28일 동안 진행된다. 수강료는 15,000 루피(약 260달러)였다. 참가자들은 나중에 일을 해서 갚아가는 조건으로 주 정부의 소개로 15만 루피(약 2,600달러)의 저소득층을 위한 소액 금융대출(microfinace)을 받았다. 이 돈은 수티카의 아유르베다 마사지 교육, 해당 여성의 운전교육 및 2륜차 구입, 치료 음악과 비상호출의 앱이 들어가 있는 스마트폰, 치유세트(kit) 등의 구입에 쓰였다. 수티카는 병원, 의사와의 접촉, 광고를 통해서 산모와 아기 고객을 찾는다. 수티카는 산모와 아기의 치유서비스에 대해 고객으로부터 선불을 받고 이 돈에서 수수료 약 10%를 제하고 나머지를 담당 치유자의 통장에 보내는데 치유자는 고객 당 약 10,000루피를 받는다. 치유자는 고객을 방문할 때 모바일앱을 통해서 수티카 센터에 기록되는데 방문은 1일 4시간으로 제한된다. 수티카는 치유자가 고객에 봉사하는 시간을 모니터해서 더 많은 고객을 돌보게 한다. 치유자는 지금까지 통상한 달에 3명의 고객을 돌보아서 약 30,000루피를 벌고 있다.

이 일에 대해 여성 치유자들은 우선 소득을 얻어서 만족해한다. 치유자들은 더 많은 소득을 위해 고객의 숫자를 늘리기를 원한다. 또한 그들은 그들의 일을 통해 사회적서비스를 한다는 자부심으로 더욱 만족해하고 있다. 서비스를 받는 산모의 반응도 처음에는 약간 우려했으나 서비스를 받고 난 후에는 더 많이 만족해하고 있다. 분만과 관련된 불편과 고통이 없어졌다고 한다. 특히 뼈마디의 고통이 많이 사라졌다고 한다. 또한 아기들도 마사지 치료에 즐거워하는 것처럼 보인다. 이에 대해 수티카는 여성치유자를 이미 출산을 하고 아이를 키워 본 경험이 있는 30세 이상의 여성을 선발해 고객만족의 향상을 위해 노력하고 있다.

수티카는 이 치유서비스가 고객의 집을 방문해서 하는 것이기 때문에 여성치유자의 안전에 대해 세심한 배려를 하고 있다. 치유자의 폰에 구호(SOS) 앱을 설치하고 긴급구호에 대한 대책을 마련하고 있다. 주정부지원, 전통 아유르베다 방식 그리고 현대적 기술이 합쳐서 이 사업이 지속되고 또한 인도 각지로 확산되고 있다. 수티카는 이미 케랄라 전역으로 사업을 확대하고 인근 뱅갈로르, 첸나이에도 지사를 만들었다. 그러면서 2014년 안에 델리 등 대도시로 진출할 계획이다. 수티카는 인도 전역에서 산모와 아기를 치유하는 서비스 수요에 대처하기 위해 인도각지에서 자력으로 봉사 활동을 하는 단체, 또한 저소득층에 소액대출을 하는 Micro-finance 회사들과 협조하면서 앞으로 인도에서 앞서가는 사회적 기업이 되는 것을 목표로 하고 있다.

2-4. 경영대학원

인도에는 세계 어느 나라보다 많은 약 2,300 곳의 경영대학원(Business School)이 있고, 약 35만 명의 학생들이 공부하고 있다. 2000년대 들어 높은 경제성장에 따른 경영인력 수급 요구와 느슨한 설립 요건으로 인도 경영대학원의 숫자는 빠르게 늘어 2008년부터 2013년 사이에 학교 수가 약 2배가량 급속히 증가했다. 반면 학생을 모집하지 못해 폐교하는 곳도 생겨나 최근 2년 사이에 약 160여 곳이 문을 닫았다. 인도의 경영대학원은 대학의 MBA프로그램과 별도로, 개별로 세워진 곳이 많다. 인도의 공립이면서 저명한 경영대학원 IIM(Indian Institute of Management)은 1960년대 Ahmedabad(A), Calcutta(C), Bangalore(B), Lucknow(L) 등지에 미국의 Harvard, MIT, Kellogg, Stanford와 같은 유명 경영대학원의 도움으로 세워졌고 발전해 인도뿐만 아니라 국제적으로 활동하는 많은 졸업생을 배출하고 있다. 최근 인도중앙은행 총재로 임명된 라구람 라잔(Raghuram

Rajan)도 IIM Ahmedabad 졸업생으로 미 시카고 대학 경영
대학원교수, IMF Chief Economist를 역임했다.

• • IIM 뱅갈로르와 2013년 IIM Ahmedabad 경영대학원 졸업식에서 축사하는 만
모한 싱 인도수상(구글 자료사진)

초창기 경영대학원졸업생들은 인도 기업에서 잘 받아들여
지질 않았는데 이는 당시 기업들이 가족경영을 위주로 해서
경영대학원 졸업생들이 가족경영의 문화를 해칠지도 모른다
는 우려감이 컸기 때문이다. 그렇지만 1970년대 말 이후 경
영대학원 졸업생들의 월등한 존재감에 힘입어 인식이 달라졌
고 현재는 기업들이 우수 경영대학원 졸업생 확보에 매달리
면서, 그 존재를 긍정적으로 평가하고 있다.

인도에서 IIM A, C, B, L 등 역사와 전통이 있고 우수학생을 선발하는 1급 경영대학원 졸업생의 초임 보수는 연평균 150만 ~ 200만 루피(약 2.5만 ~ 3.3만 미 달러)이다. 개인당 국민소득 연간 1,600달러 수준을 고려하면 더할 나위 없이 높은 금액이다. 그리고 대도시 인근이나 지방 도시에 세워진 나름대로 이름이 있는 2급 경영대학원 졸업생들의 보수는 70만-120만(1.2만 ~ 2만 달러) 루피 정도이고, 그 외 지방 소도시 등의 신설 및 잘 알려지지 않은 3급 경영대학원 졸업생들은 25만에서 50만 루피(4천 ~ 8천 달러) 정도를 받는다.

IT와 컨설팅 부문이 경영대학원 졸업생의 고용을 이끄는데 2013년 졸업생들의 취업 전망은 경기침체의 영향으로 기계, 자동차, 인프라 등 주로 제조업 쪽의 전망이 밝지 않고, 반면 소매, 금융 및 보험, 교육, 컨설팅, 소비재 상품, e-비즈니스, IT, 의약 등 주로 서비스 업계의 졸업생 수요가 증가하고 있다. 기업 내부적으로는 마케팅, 재무, 인사, 기획 분야에 많이 고용 되고 있다. 1급 경영대학원들은 2013년 졸업생의 취업전망에 대해 어렵지만 그래도 100% 캠퍼스 구인에 의해 취업할 것으로 기대하지만 문제는 2급, 3급 경영대학원 졸업생들의 취업이다. 2급 경영대학원은 그들의 졸업생이 원래 IT와 IT관련서비스 분야에 많이 취업을 하는데 이 부문의 취업이 밝지 않아서, 그것을 대신해 의료, 제조업 쪽 취업에 힘을 쏟고 있고, 3급 대학원들은 그들의 졸업생을 금융 및 다수의 직원을 고용하는 회사의 판매직 등의 취업을 목표로 하고 있다.

인도의 저명 경영대학원들은 입학사정에 있어서 지금까지 학생들의 성적을 위주로 선발했는데 차츰 직장경험 등 학생의 다양한 자질을 포함시키려 하고 있다. 이는 더 굳건한 배경의 학생을 선발하고 또한 추후에 졸업생들에게 취업과 급여에서 이롭게 하기 위함이다. 많은 교수들이 외국 특히 미국에서 학위를 하고 또한 외국인 교수들과 학생들을 받아들여 국제화와 문화적인 다양성을 기하려고 한다. 첸나이에 있는 Great Lakes 경영대학원은 중국어 강좌를 개설하면서 동남아, 중국에 나가있는 기업들과 교류를 통해 학생들의 국제 감각을 높이고 있다.

좋은 MBA프로그램은 학생들에게 모티브를 주고, 기초를 튼튼히 하면서 개념을 분명하게 하고, 그들의 의사소통 능력을 향상시킨다. 그렇지만 인도 경영대학원 졸업생들에 대해 비판적인 목소리도 많이 들린다. 최근 생겨난 많은 경영대학원들이 수익을 우선시하면서 사전 준비 없이 학생을 모집하고, 기업이 필요로 하는 전문지식과 경험, 디지털능력, 팀웍, 소통능력, 대인관계, 다문화의식 등을 충분히 습득하지 못한 졸업생을 배출시키고 있다고 비판한다. 또한 인도 경영대학원 위치의 좋고 나쁨도 학교명성을 결정하는 중요한 역할을 하고, 2014년과 2013년에 걸쳐 폐교를 신청한 대다수 학교들은 지방에 인구가 적은 곳이나 농촌지역에 위치해 학생들을 모집하는데 어려움을 겪었고, 기업들과의 접촉도 어려워 학생들에게 인턴실습 등 취업기회를 주기에 힘들었다.

인도학생들 중에는 해외 MBA를 하려고 하는 학생들도 상당한데 주된 이유는 글로벌 시각을 갖고 해외기업에서 활동을 꿈꾸기 때문이다. 인도학생들이 해외 MBA를 위해 선호하는 지역은 미국, 영국, 싱가폴, 스페인, 독일 등이다. 외국과 인도에서 MBA교육의 차이는 우선적으로 비용이다. 미국에서 MBA교육은 5만에서 6만 달러에 달하는 학비와 생활비를 합쳐 년 간 10만 달러가 넘어갈 정도로 비용이 많이 든다. 반면 인도의 IIM A, B, C, L 등 1급 경영대학원은 연간 110만 루피에서 170만 루피(약 2만 달러 ~ 3만 달러)가 든다. 비용면에서 적지 않은 차이가 있다.

그리고 인도 경영대학원에 진학하는 학생들의 경우 일을 해본 경험이 적거나 거의 전무한 학생들인 반면 미국의 경우는 많은 경험을 가진 학생들과 다양한 배경을 가진 학생들을 뽑는다. 이는 추후 졸업생들이 네트워크를 형성하는데 도움을 준다. 커리큘럼에도 인도에서는 이론을 먼저 배우고 다음으로 실제에 적용하는 반면, 미국에서는 실제적인 배움을 먼저하고 이론으로 마무리를 한다. 즉 이론 보다는 현재의 사업과 그것이 갖는 의미를 파악하는 것이 보다 효율적이고 실제적인 교육이다 라고 보고 있다.

Part 3

벤처기업, 미디어와 오락,
전자상거래, 홈쇼핑, 기업브랜드 변화

3-1. 벤처기업 환경변화:
창업의 열기 시작되다

　인도 소프트웨어 서비스기업협회(NASSOCOM)에 따르면 2011년 인도에서 새로이 만들어진 IT관련 신생기업의 숫자는 약 2,500개 이고 그 중에서 기술기업은 450개 이다. 반면 같은 해 미국에서 생긴 기술기업의 숫자만도 15,000개나 되었다. 그만큼 아직 인도에서 IT기반으로 만들어진 벤처기업의 숫자는 턱없이 부족한 편이다.

　그러나 최근 인도에서 IT기반 창업의 열기가 점점 고조되는 것을 확인할 수 있다. 인도에서 IT창업에 자극을 준 최근

사건으로는 뱅갈로르에 기반을 둔 앱 실적분석과 모니터링을 하는 Little Eye Labs이라는 회사를 Facebook 회사가 천만에서 천오백만 달러 사이의 금액을 주고 매입한 건이다. 2013년에는 인도에서 가장 큰 온라인 버스 티켓회사 redBus를 1.38억 달러에 남아프리카공화국의 Naspers사가 인수하였다. 이러한 움직임은 인도의 벤처회사들에게 아이디어가 좋고 사업전망이 서면 누군가가 자기회사를 지켜보고 있다는 생각을 하게 하고 있다. 인도에서 IT기반 기업이 스스로 생겨나서 자생하는 환경이 최근 3~4년 사이에 신설기업의 소비자와 사업에 관련되는 문제들을 해결하는 과정에서 점차 조성되고 있다고 여러 전문가들은 진단한다. 현재 인도에서 초기사업가들에게 사업을 하기 위한 자금조달 여건이 점차로 만들어지고 있으며 또한 소비자들도 점점 더 벤처기업의 새로운 아이디어를 시도하려는 움직임을 보이고 있다.

벤처기업이 창업해서 자생력을 갖게 되는 구성요소로 전문가들은 기업가, 초기고객 확보와 벤처에 대한 관심, 자본, 그리고 IPO를 포함하는 출구(exit)를 꼽는다. 인도에는 좋은 아이디어를 갖고 사업에 뛰어들려는 많은 기업가들이 생겨나고 있다. 이를 뒷받침하는 것은 과거에는 기업가들이 전통적인 비즈니스 가문에서 주로 나왔으나 현재는 거의 모든 중산층에서 나오고 있다는 점이다. 지금까지 인도인들은 이와 같은 창업능력을 인도 내에서 보다 해외에서 더 증명해 보였다. 미국의 IT 창업기업들 중에 인도인과 같이 창업한 기업이 전체의 62%나 된다는 통계는 인도인의 창업 DNA를 단적으로 보여주고 있다.

•• 2012년 Tata Chairman 은퇴 후 엔젤투자가로 변신한 라타 타타(구글 자료 사진)

인도에는 벤처기업 창업을 위한 많은 기회가 있다. 인도 경제가 현재 도약 단계이고 아직 도로, 주거 등 경제 인프라가 잘 갖춰질 않은 상태로 전국에 100만 인구가 넘게 사는 50개 이상의 도시가 있고, 이곳에 사는 인도사람들은 생활에 편리를 가져다주는 방안에 많은 관심을 표하고 있다. 최근 인도의 온라인 쇼핑몰 Flipkart 와 역시 온라인 패션과 캐주얼 생활 제품 회사인 Myntra사의 합병에 관한 소식이 있고, Flipkart 는 매출에서 Myntra는 수익에서 강점을 갖고 있는데 양사의 합병소식을 모두들 관심을 가지고 지켜보고 있다.

과거 인도에는 벤처캐피털이라는 용어가 생소할 정도로 창업자금 조달이 어려웠지만 그러한 인식은 차츰 바뀌고 있다. 2011년에는 간신히 10개의 벤처기업을 위한 초기투자자(Incubator)에서 2013년 말에는 거의 50개의 초기투자자와 중간투자자(Accelerator)가 생겨났다. 그러면서 2012년에는 252개 회사에 8.98억 달러의 벤처자금이 투자되었고 2013년에는 그보다 약간 적은 206개 회사에 8.05억 달러가 투자되었다. 인도의 온라인 교육회사 Tutorvista는 2011년 영국에 기반을 둔 세계에서 가장 큰 교육회사인 Pearson에 2.13억 달러에 팔렸는데 Tutorvista의 창업자는 매각대금을 가정용 헬스케어 서비스회사인 Portea Medical를 세우고 그 외 10개의 인터넷 상거래회사에 전략적 투자자로 나서고 있다.

최근에는 인도 내의 벤처투자회사 및 많은 재산을 가진 개인투자가들이 나서고 있으나 아직도 벤처투자자금의 상당수는 외국자본이다. 그러면서 이들 외국자본은 인도정부나 기업보다 훨씬 더 적극적이다. 인텔인디아(Intel Capital

India)는 10개 도시, 90개 회사의 전략적 기술 분야에 총 3.3억 달러를 투자하고 있다. 마이크로소프트사는 뱅갈로르에서 중간투자자(accelerator)프로그램을 운영 중이고 코카콜라사는 초기투자자 프로그램을 계획 중이다. 벤처사업가의 성공 실현 및 출구(exit)는 사업을 어느 정도 진행한 후 기업공개(IPO)를 통해 이루어진다. 2013년 인도 벤처회사를 포함 전체 기업의 출구는 인도의 대표적 포탈서비스 기업인 justdial의 IPO 금액 1.5억 달러(91.9억 루피)를 포함해 20억 달러에 달했다. 이는 인도경제 전체규모(약 1.87조 달러)에 비해 턱없이 적은 금액이다. 하지만 전문가들은 이 액수를 앞으로 활발히 이루어질 출구시장을 위한 첫 단추로 여긴다.

인도에서 벤처기업이 자생력을 갖는 단계와 더불어 창업열기를 확산하려는 많은 노력이 있다. 그리고 인도에서 새로운 기업이 생겨나는 곳도 점차로 뱅갈로르, 델리, 뭄바이와 같은 대도시에서 벗어나 구자라트주의 아메다바드, 뭄바이 인근 푸네, 라자스탄주의 자이푸르, 펀잡주의 찬디가르 등 지방도시로 확산되고 있다. 인도의 곳곳에 있는 유명 경영대학원 IIMs (Indian Institute of Management)는 대학 내에 창업센터를 운영 중이다. IIM Bangalore는 혁신적인 아이디어, 영향력 있고 실행 가능한 사업을 찾아서 대학 안팎을 가리지 않고 최근까지 45개의 기업을 보육했다. 따라서 인도의 경영대학원 졸업생들은 예전보다 훨씬 더 많이 사업가의 길을 걷고 있다.

인도 소프트웨어 서비스기업협회(NASSOCOM)는 2014년 다음 10년간 10,000개의 창업회사를 지원하는 프로그램을 만들어 대상자를 공모 중이다. 그러면서 벤처사업을 시작하는 기업인에게 주는 전문가의 조언은 인도인들이 일상에서 직면하는 근본적인 문제들을 해결하는 사업으로 시작해 미래의 거대기업으로 키우라는 메시지다. 그런 반면 또 다른 전문가들은 인도는 사회보장제도가 미비해 벤처사업에서 오는 실패를 두려워해 인도인 사업가들은 보수적이고 방어적이면서 이기는 모험을 잘 하려고 하지 않으려 하고 검증된 모델을 좇으면서 기존의 것에 약간의 수정을 가하려고 한다는 지적도 하고 있다.

3-2. 미디어와 오락(Media & Entertainment) 산업: TV, 영화 & 디지털화 전망

미디어와 오락(Media & Entertainment, M&E) 산업은 사회변화를 위한 수단으로써 인식되면서 신문, 방송, 영화, 디지털 오락, 애니메이션, 게임, 그리고 영상효과를 포함한다. 인도의 M&E 산업은 2013년 전반적인 낮은 경제성장률과 Rupee화 약세에도 불구하고 전년도에 비해 11.8% 성장한 9,180억 루피(미화 약 160억 달러)의 매출을 달성했다. 이는 인도 명목 GDP의 0.9% 수준으로 선진국의 3% 이상 수준과 비교해 낮고, 그만큼 앞으로의 발전가능성이 높음을 보여준다. 전문가들은 인도 M&E 산업이 2018년까지 연간 14.2%씩 성장해 매출이 17,858루피(약 310억 달러)에 달할 것으로 예측한다. 인도 M&E 산업은 인도의 1.6억 가정, 94,000개의 신문과 잡지,(그중에서 12,500개가 일간지) 약 2,000개의 복합영화상영관, 2.14억 명의 인터넷 사용자(그 중 1.3억 명이 모바일 인터넷 사용자)와 직접 관련되어 있다. 또한 이 M&E 산업은 인도의 더딘 공공투자와 낙후된 인프라와 관련이 상대적으로 적어, 다른 어떤 분야보다 더 빠르게 고용을 창출하고, 앞으로 사업기회가 많이 있어 보이는 등 인도에서 특별한 경제적 지위에 있다. 2013년은 인도 M&E 산업에게 급격한 변화의 시기였고 다른 한편으로는 앞으로의 경제변화를 위한 준비의 시간이었다. 인도 M&E 산업의 주요 관심사항은 TV의 역할변화, 영화산업 발전, 디지털화 진행 및 사업기회 확장 등이다.

인도 1.6억 가정의 90%는 1대의 TV가 있으면서 5대 혹은 그 이상의 모바일 폰을 가지고 있다. 인도는 과거 경제자유화 이전에 한 곳의 공영방송국에서 보내는 제한된 방송에서 현재는 위성TV, 케이블 연결을 통해 약 500개의 채널에서 24시간 뉴스, 드라마, 음악, 영화들을 쏟아내고 있다. TV는 과거 단순 방송시청에서 디지털화됨에 따라 다기능의 스마트 기구로 변하고 있다. 그리고 TV콘텐츠를 인터넷, 모바일 폰, 태블릿 등의 디지털 기기로 보는 것이 급격히 늘어나고 있다. 인도에서 온라인으로 비디오를 보는 것이 2013년에 그 전 해에 비해 1,650%가 늘어난 약 60억 회에 이르렀다. 인도에서 모바일 폰 사용자는 2013년 약 9억 명에 달했다. 인도에서 모바일 폰으로 콘텐츠를 보는 것은 3G, 4G로 바뀜에 따라 지속적으로 늘고 있다. 모바일 폰을 통한 스포츠와 뉴스 시청이 늘어가고 있으며 이에 따라 이동통신회사 보다폰(Vodafone)과 위성방송회사 스타-스포츠(Star Sports)는 서로 간에 협력하기로 했다.

많은 헐리우드 영화의 세트장면이 인도 방갈로르에서 IT의 도움을 받아 만들어진다는 것은 잘 알려진 사실이다. 2013년 인도영화산업은 콘텐츠와 영화상영면에서 좋은 실적을 거두었다. 이는 탄탄한 스토리, 실험적인 시도, 신인배우 및 다양한 소질을 보여주는 기존배우, 전략적 마케팅 등에 힘입었는데 이 같은 노력은 인도 영화산업의 확대를 뒷받침하였다. 또한 영화산업의 성장을 위해 각 구성원들이 협력하였다. 영화제작자와 배급사가 협력하는 것은 흔한 일이다. 영화제작 사인 다르마(Dharma)사는 Entertainment의 대표회사인 Reliance Entertainment사와 협력하여 Gori Tere Pyaar Mein 등 4편의 영화를 해외시장에 성공적으로 진출시켰다. 영화산업이 좋은 실적을 내는 것은 영상물의 디지털화에 힘입은바 크다. 디지털화를 통해 영화 한편이 순식간에 전국적으로 흩어져 있는 2,000여 개의 복합영화상영관과 다른 장소에서 상영될 수 있다. 영화가 영화관 뿐만아니라 인터넷, 케이블 TV, 모바일 폰 등 다양한 미디어를 통해 보여 지면서, 매출로 이어지고 영화티켓도 온라인으로 팔리고 있다. 현재 인도 영화관들의 90~95%가 디지털화되어 매출 증가로 이어지고 있다.

•• 자이뿌르 시내 영화관과 Hindi 영화 상영작 "Singh is Bling"

앞에서 본 것처럼 인도 M&E 산업의 미래는 디지털화에 달린 것으로 보인다. 현재 빠른 속도로 증가하는 2.1억 명 이상의 인터넷 사용자와 9억 명의 모바일 폰 기반은 디지털화를 통한 수익창출의 전망을 밝게 하고 있다. 이동통신회사들은 최근 음성에서의 수익이 예상과 달리 늘지 않자, 데이터로부터의 수익창출에 더욱 관심을 쏟고 있다. 광고회사들도 신문 등의 하드웨어에서 벗어나 인터넷과 소셜미디어 쪽으로 사업 대상을 옮겨가고 있다. 기존 TV의 재발견, 컴퓨터, 앱, 태블릿 등 디지털기기의 도래로 기술과 창의성이 결합된 콘텐츠의 확대가 일어나고 있다. 인도에서 모바일 폰 기술이 2G에서 4G로 옮겨감에 따라 오디오, 비디오, 이미지와 텍스트 등이 디지털 상품화 되고 있다. 인도의 콘텐츠 시장의 규모는 현재 연간 150억~200억 루피(미화 2.5억 달러 ~3억 달러) 정도인데 현재 전 세계 콘텐츠 시장규모, 약 900억 달러의 0.3% 수준으로 앞으로 성장 전망이 밝아 보인다. 끝으로 한국의 위성 아리랑 TV를 통한 다양한 한국문화의 소개를 필두로 '꽃보다 남자' '대장금' 최근의 '별에서 온 그대' 등 한류드라마, '강남스타일' 등 K-POP 이 인도 내에 널리 소개되고 있어 인도와 한국의 M&E 시장이 서로 밀접하게 교류하는 시기가 가까워오고 있음을 느낀다.

3-3. 전자상거래 기업들의 경쟁적 투자: Flipkart, Amazon, Snapdeal 등

인도는 전자상거래(e-commerce)의 다음 거대시장으로서 글로벌 투자가들의 많은 관심을 받고 있다. 2014년 중국 기업 알리바바(Alibaba)의 미국 주식공개로 마윈 회장과 함께 주목받은 일본 소프트뱅크의 손정의 회장은 인도 전자 상거래기업 스냅딜(Snapdeal)에 약 6.27억 달러를 투자해 최대 주주가 되었고 앞으로 몇 년 동안 인도 인터넷 기업에 약 100억 달러를 투자하겠다고 발표하였다. 투자자들은 인도의 거대한 중산층 인구와 그들의 소비력을 높이 평가한다. 사모펀드와 벤처캐피털의 인도 전자상거래분야에 대한 투자는 2011년 49건에 3.1억 달러, 2012년 36건 5.5억 달러, 2013년 23건에 6.6억 달러로 투자액과 투자규모가 매년 증가하고 있다. 2013년 약 100억 달러 수준인 인도 전자상거래 규모가 앞으로 매년 45~50%씩 성장해 2018년까지 430억 달러로 증가할 것으로 기대되고 있다.

현재 인도 전자상거래의 사업별 분포는 여행이 압도적으로 많은 71%, 소매 16%, 금융서비스 6%, 그 외 7% 이다. 전자상거래의 기반인 인도의 인터넷 보급률은 17%로 중국의 40%, 미국 78%, 일본의 80%, 한국 83%에 비해 아직 낮은 수준이나, 절대인구 측면에서는 중국이 5.5억 명이고 미국이 2.45억 명 그리고 인도는 2015년 1월이면 약 3억 명으로 미국을 추월해 2위에 올라설 전망이다. 이 중 약 60%가 모바일을 통해 접속한다. 그렇지만 인도의 전자상거래 여건은 녹록치 않다. 현재 인도인의 12% 정도만이 신용카드 혹은 직불카드를 소지한 상태에서 인도 전자상거래 기업들은 고객에게 배달과 동시에 결제하는 Cash On Delivery(COD) 방안을 도입했는데 대도시 뭄바이 인근 Navi Mumbai와 델리 인근 Noida지역에서 특히 단지 재미로 주문하고 지불을 않자, 이들 지역에서 10,000루피(약 미화 170달러) 이상의 주문배달을 중지시켰다. 또한 이 COD 방식은 판매자 입장에서 비효율적이고 비싸게 먹힌다.

•• 인도의 대표적 e-commerce 기업들(구글 자료사진)

현재 인도 전자상거래에서 주목 받는 기업으로는 토종 기업이면서 최근에 년간 매출 10억 달러를 달성한 플립카트(Flipkart), 인터넷 공룡 아마존(Amazon), 그리고 eBay와 소프트뱅크가 투자한 Snapdeal 등이 있다. 플립카트는 2007년 당시 아마존에서 근무하던 2명의 인도인 직원이 독립해서 키워오고, 주로 인도 투자자들로부터 작년 3.6억 달러에 추가해 올해까지 10억 달러를 모아 투자계획을 밝혔다. 아마존은 2013년 6월 인도에서 영업을 시작한 후 최단시간에 매출액 10억 달러를 달성할 것이라는 것에 고무되어 아마존 창업자 제프 베조스(Jeff Bezos)는 2014년 인도시장에 20억 달러를 추가 투자할 것이라고 발표해 투자경쟁에 불을 지폈다. 베조스는 투자 발표 시 인도경제와 그에 따른 전자상거래의 잠재력을 크게 평가한다고 밝혔다. 이들 기업은 투자자금을 소비자 기반을 확대하고, 공급측면에서 이들 기업과 거래하는 제조업과 소규모기업의 육성 및 벤처기업을 키우고, 공급체인, 기술 및 판매능력 면에서 적절한 기업을 인수합병, 또한 인도 중소 도시들에서의 물류 및 기타 전자상거래를 위한 설비를 보충하는데 사용할 것이라고 밝혔다. 현재 인도 중소 도시들은 이들 전자상거래회사들의 매출액 절반이상을 차지하고 앞으로도 이들 도시들은 성장의 주된 기반이 될 것이다.

인도는 유선 인터넷과 아울러 스마트폰을 사용한 무선 전자상거래 매출이 증가하고 있다. 인도인들 사이에 모바일을 통한 구매는 사업의 영역에 따라 다르지만 보통 회사 총매출의 20~40%를 차지하고 전문가들은 곧 50%를 넘어설 것으로 예측한다. 따라서 이들 회사들은 스마트폰 사용에서 사용빈도가 높은 Twitter, Facebook과 같은 SNS에서 곧 바로 그들의 구매사이트와 연결되도록 힘을 쏟고 있다. 그러면서 스마트폰을 통한 결제수단의 개발에 투자를 늘려가고 있다.

아마존, 플립카트, 스냅딜과 같은 인도전자상거래 기업들의 대규모투자는 앞으로 이들 기업들 간의 치열한 시장점유율 경쟁을 벌일 것이다. 중국시장을 평정하고 전 세계로 진출하고 있는 알리바바 또한 현재 인도 중소기업들로부터 물품을 조달하고, 인도시장 진출의 기회를 엿보고 있어서 앞으로 경쟁이 더욱 치열해질 전망이다. 그러면서 이들과 같은 제품을 취급하는 유아제품, 패션의류, 전자제품의 개별 사이트에게 심각한 타격을 줄 것이다. 그렇지만 특성화된 도메인 즉 자신만의 브랜드를 갖고 제조도하는 온라인 식료품 및 잡화, 보석 및 가구와 같은 영역과 틈새시장 예를 들어 공동체를 기반으로 하는 애완동물사이트, 정신건강 사이트 등은 영향을 적게 받고 계속 성장할 수 있을 것으로 보인다. 한국의 2013년 소비자 대상 전자 쇼핑(B2C) 거래액은 2012년에 비해 13% 증가한 38.5조원(약 360억 달러)으로 인도에 비해 약

3.5배 큰 규모다. 우리 전자상거래 기업이 발달된 노하우와 기법을 갖고 인도에 진출하기를 기대해 본다.

3-4. 인도에서 활약하는 한국 TV홈쇼핑 회사: CJO 홈쇼핑

CJO 홈쇼핑은 2009년 신흥국 인도로 진출하여 다국적 위성TV 회사인 STAR TV의 인도법인 Star India와 50:50 으로 합작하여 Star CJ Network(약어, Star CJ)를 세우고 초기 단계였던 인도홈쇼핑 사업에 뛰어들었다. Star CJ는 Star CJ alive라는 채널을 통해 일주일 7일, 하루 24시간 동안 본격적으로 사업을 하고 있다. 본격 사업을 한지 5년이 되어가는 지금 Star CJ는 그동안 약 5,000만 인도가정에 노출되면서 약 500만 고객을 확보하기에 이르렀다. 2013년 인도 TV 홈쇼핑 전체 매출액, 약 200억 루피(약 3.45억 달러) 중에서 1위를 차지했고 총 매출액의 약 40% 인 매출 80억 루피를 달성했다. 2014년에는 약 100억 루피를 달성했을 것으로 예상한다.

Star CJ는 2014년 하반기 합작파트너인 Star India 측에서 본업인 위성TV사업에 전념하기 위해 지분 50%를 미국에

기반을 둔 투자회사인 Providence Equity Partners(프로비
던스 투자 파트너스)에 지분을 팔았다. CJO측은 새로운 파
트너인 프로비던스 파트너스가 독일의 홈쇼핑회사 HES24에
투자하고 있으면서 홈쇼핑에 대한 이해가 있는 것을 반기고
있다.

•• Star CJ 한국인 책임자와 모델들(구글 자료 사진)

홈쇼핑은 유럽, 북미, 동남 및 동북아시아에서는 이미 터
전을 내렸으나 인도에서는 그동안 고객 접근성, 인도전반의
품질이 좋지 않은 제품의 공급으로 발전이 제한적이었다. 그
렇지만 인도홈쇼핑시장은 앞으로 발전할 수 있는 소비층 확
대의 기반을 갖추고 있다. 한 통계에 따르면 인도 홈쇼핑시
장은 2011년부터 2013년까지 3년간 연평균 40%의 성장률
을 보인 것으로 나타났다. 인도 홈쇼핑시장에서 품질문제를

극복하기 위해 스타씨제이(Star CJ)는 출범부터 우수제품만을 선보였다. 지금까지 스타씨제이의 제품구성은 대략 30% 이상이 전 세계적으로 알려진 상품이고, 45%는 인도에서 잘 알려진 브랜드 그리고 19%는 우수 수입제품으로 했다. 또한 스타씨제이는 2013년부터 자가상표(private level)를 부친 제품을 약 6%가량 판매하고 있다. 스타씨제이는 그러면서 우수제품을 인도시장에 판매하는 것을 지금까지의 성공비결로 여기고 있다.

또한 스타씨제이는 제품판매 독점성을 강조하는데 이는 스타씨제이의 제품 약 30%는 다른데서 쉽게 구입할 수 없는 제품임을 장점으로 내세우고 있다. 스타씨제이는 결국 지속적으로 향상된 제품을 소비자에게 제시하려는데 초점을 맞추고 있다. 따라서 스타씨제이는 2014년 고객충성도가 40~50%에 이르고 매출의 43%가 반복매출로 이루어지고 있다. 2014년 하반기 스타씨제이의 매출 94%가 TV홈쇼핑에서 이루어지고 나머지 6%는 온라인 쇼핑(www.starcj.com) 으로부터이다. 그러면서 인도 온라인 쇼핑 붐으로 인해 앞으로 3년 안에 매출의 20%까지 증가할 것으로 예측한다.

혹자는 인도의 온라인 쇼핑붐이 TV홈쇼핑 매출을 줄일 것이라는 우려를 표하기도 한다. 그렇지만 TV홈쇼핑 회사들은 온라인쇼핑회사와는 여러 면에서 차이가 있어 별다른 부정적인 영향 없이 서로 다르게 발전할 것이라고 한다. 온라인 쇼핑에 인도소비자들이 많은 관심을 보이고 모바일 폰으로 쇼핑하는 것이 증가했지만 TV홈쇼핑 사업자들도 타깃소비자를 대상으로 마진이 높은 부엌용품 혹은 전통 여성의류 사리(sari) 등을 판매함으로써 스마트 폰, 브랜드 의류 등을 판매하는 온라인 판매와 차별적으로 거래하고 있다. 온라인 전자상거래업체들은 다양한 제품에서 소비자들이 폭넓은 선택을 하도록 유도하지만 홈쇼핑사업자들은 TV홈쇼핑의 장점인 TV를 통해 다수의 시청자들과 멀리 있는 고객에까지 도달하는 것과 또한 제품을 잘 설명할 수 있는 장점을 살리기 위해 노력한다.

또한 TV홈쇼핑은 소비자가 쉽게 접할 수 없는 독특한 제품을 판매한다. 인도의 대표적 온라인 판매회사 Flipkart, Amazon India, Snapdeal 등 대부분은 현재 이익을 희생해 가면서 성장에 초점을 맞추고 있으나, 인도 TV홈쇼핑 사업자 중에서 가장 일찍 사업을 시작한 TVC-Sky shop은 2013년 25억 루피(43백만 달러) 매출에 0.75억 루피(약 130만 달러) 이익을 내고, 2014년 매출, 이익 모두 약 20% 증가를 기대하고 있다. 스타씨제이는 그동안의 투자와 노력이 결실을 맺어 2015년 후반기부터 이익을 낼 것으로 예측하고 있다.

CJO홈쇼핑은 지금까지 해외로 적극 진출하여 한국, 중국, 인도, 일본, 베트남, 태국, 터키, 필리핀 등 10개국에 진출하여 2013년 전체 매출 48억 달러로 아시아에서 매출 1위, 전세계 2위를 기록하고 있다. 전 세계 1위는 미국의 QVC로 약 100억 달러를 매출하고 있다. 앞으로 CJO홈쇼핑의 인도사업이 지속적으로 발전해가길 기대해 본다.

3-5. 인도 기업 브랜드의 도약: 다국적기업과 한판승부

2014년 인도에 친 기업 성향의 나렌드라 모디(Narendra Modi) 정부가 들어선 이후 인도국민들 사이에 폭넓게 미래에 대한 낙관론과 자신감이 생겨나면서 널리 퍼져가고 있다. 지난 2008년 금융위기 이후 한동안 침체해 있던 소비자 신뢰지수가 되살아나고 소비지출이 늘어가면서 기업들도 활력을 되찾고 있다. 인도기업이 새로운 동력을 얻으면서 인도시장에서 기업브랜드가 중요하게 부각되고 있다. 2014년 인도경제 잡지 Business India의 기업브랜드 가치 조사에 따르면, 은행, 통신회사, IT서비스의 인도기업들은 외국계 다국적기업을 넘어서 상위에 포진하고, 외국기업이 다수 점유하고 있는 일용소비재(FMCG) 시장에서도 인도브랜드 Marico, Parle,

ITC, Dabur 등이 다국적 브랜드 Pepsi, Coke, Unilevers에 맞서 팽팽하게 경쟁하고 있다. 전반적으로 인도대기업들의 브랜드가치는 인도에 진출한 글로벌 경쟁자들과 비교해 대등한 위치에 올라섰음을 보여준다.

•• Hugh Jackman과 Micromax 상점

인도기업 브랜드는 최근까지, 경제자유화 이후 풍부한 자금력과 기술적 우위를 가지고 늘어나는 중산층을 겨냥해 물밀듯이 들어왔던 해외기업 브랜드에 눌려 지냈다. 그렇지만 인도기업들도 그동안 과감한 투자를 하면서 위험을 무릅쓰는 능력을 키워왔고, 활동범위를 해외로 넓혀갔다. 또한 기술수준 향상과 시장 확대를 위해 적극적으로 해외기업을 인수하였다. 이제 많은 인도기업들이 도약단계에 있으면서 자신감도 확대되고 있다. 이는 인도제품의 품질에서 묻어나고 있다. 그동안 인도기업들이 기능적인 품질향상에 초점을 두었던 것에서 최근에는 소비자의 취향에 맞게 외관에도 많은 신경을 쓰고 있다. 소비지출이 늘어가면서 기업들은 제품의 브랜드

가치를 높이고 재 구매로 이어지도록 마케팅 비용을 늘리고 있다. 인도의 대표적 기업인 타타 그룹은 앞으로 3년간 미화 350억 달러를 투자해 전 세계 25개 기업순위에 들 계획을 실행하고 있다. 이 계획은 또한 타타 브랜드를 전 세계인에게 인식시킬 계획을 포함한다.

인도기업들은 품질과 서비스 향상을 통해 그동안 외국기업에게 내주었던 시장을 되찾는 노력을 부단히 하고 있다. 인도에서 1950년대 처음으로 에어컨을 생산하고, 경제자유화 이전 시장점유율 1위를 유지하고 있던 타타그룹 계열의 Voltas사는 경제자유화 이후 한국의 LG, 삼성과 일본기업들에 밀려 시장점유율 6위까지 떨어졌으나, 이후 소비자 선호를 파악하고 이에 맞는 제품을 출시해 25개 브랜드가 경쟁하는 인도 에어컨 시장에서 2014년 시장점유율 1위, 21.7%를 달성해 과거의 명성을 되찾았다. 스마트폰시장에서도 인도기업 마이크로맥스(Micromax)는 인도인들에게 인도브랜드의 자존심을 북돋아주고 있다. 마이크로맥스(Micromax)사는 2000년 IT소프트웨어 회사로서 출발했고, 2008년 핸드폰 제조사업에 뛰어들어 2010년 인도기업들 중에서 가장 큰 핸드폰업체가 되었다. 2014년 전 세계 10위의 핸드폰 제조업체이면서 인도 내에 12.5만 대리점을 가지고 사업하고 있다. 인도는 약 2,000루피(약 35달러)에서부터 시작하는 저가 폰 시장에서부터 고가의 아이폰, 삼성의 갤럭시폰까지 경쟁이 치열하다. 마이크로맥스는 연간 최소 50개의 스마트폰 모델을 선보이면서 매달 약 350만개를 생산하고, 최근 전자제품 LED TV 생산도 시작했다. 그렇지만 마이크로맥스사는 스마트폰 시장이 기능성 못지않게 브랜드가치도 중요하다고 인식하고 '어떠한 것과도 같지 않다(nothing like anything)'라는 표어로 제품품질과 브랜드가치를 전략으로 제시하면서 최근에는 엑스맨, 더 울버린 등으로 유명한 세계적인 영화배우 휴 잭맨(Hugh Jackman)을 광고로 내세우면서 삼성 스마트폰을 위협하고 있다.

인도인들의 소비지출이 늘어가면서 브랜드제품에 대한 인식이 증가하고 있다. 그렇지만 과거와 달리 외국상품이라고 무조건 선호하는 시대는 지나갔다. 몇몇 해외브랜드는 마케팅에 충분한 관심을 두지 않고, 품질만 믿고 사업하다가 예측이 산산 조각나는 결과를 낳기도 했다. 인도소비자들이 구매활동을 증가하고 있으므로 기업들은 제품의 브랜드와 서비스가치를 지속적으로 높여가는 것이 중요하다. 이와 함께 장기적으로 인도에서 해외기업이 성공하기 위해서는 그들의 제품을 현지 인도화(Indianising) 하는 것이 필요하다. Colgate, Kellogg, Dettol, McDonald's, Coca-Cola, Maruti-Suzuki 등이 인도소비자들의 마음과 통하는 사업을 한 성공한 케이스로 알려져 있다. 한국기업 LG, 삼성, 현대자동차 등의 제품들도 지금까지 현지화를 해왔고 앞으로도 그렇게 되기를 바래본다.

Part 4

인도대기업
(Mahindra, Tata, Reliance, L&T),
상용차시장 전문기업 알루미늄 기업
스즈키–마루티사의 도전과 혁신

4-1. 마힌드라 자동차와 쌍용 자동차

인도 대표적인 기업 중의 하나인 마힌드라 그룹의 자동차 및 농기계부문 회사(Mahindra & Mahindra, M&M)는 경제자유화이후 20여 년 만에 예전의 주로 군용으로 사용되던 Jeep과 농촌에 초점을 맞춘 트랙터 생산회사에서 인도의 주된 자동차회사 중의 하나로 발돋움 하였다. 마힌드라(M&M)의 자동차부문은 주로 다목적 자동차(특히 Sports Utility Vehicle, SUV)를 생산하는데 최근 인도 소비자의 SUV 구매 붐으로 인해 2012년 4월부터 12월까지 9개월 동안 인도 내 SUV 총판매 40.2만 대 중에서 2011년 대비 33%가 증가한 19.1만 여대를 판매하고 점유율 47%로 1위를 달성했다. 그와

동시에 트랙터부문에서는 예전의 인도 4개의 트랙터 회사 중의 하나에서 전 세계에서 가장 많이 판매하는 트랙터회사로 성장하였다.

마힌드라 그룹은 자동차 및 농기계부문(M&M) 이외에도 금융서비스, IT 및 소프트웨어, 부동산 관련업, 자동차부품, 건설, 철거래(steel trading) 사업을 하나 그룹의 주력 기업은 자동차 및 농기계부문 회사인 M&M이다. 이 회사는 2012년 마힌드라 그룹 총매출 5,950억 루피(약 120억 달러)중에 77%에 달하는 4,582억 루피(약 90억 달러)의 매출과 그룹의 총이익 468억 루피(9.3억 달러) 중에 약 66%에 달하는 308억 루피(6.1억 달러)를 기록했다. M&M의 매출액과 순이익은 2009년 인수한 한국의 쌍용자동차의 2012년 매출 1,220억 루피(약 24.4억 달러)와 순손실 약 72억 루피(1.4억 달러)를 포함한다. M&M 매출은 그룹 매출의 77%에 해당하고 자동차부문이 55%, 농기계부문이 22%를 점한다. 반면 수익은 트랙터 부문이 더 높아 그룹 이익의 66%에 해당하는 M&M 수익 중에서 자동차 부문이 26%, 농기계 부문이 40%를 차지한다. 마힌드라자동차(M&M)의 장래 계획은 세계적인 다목적 자동차(utility vehicle)회사로 성장하고 세계 제일의 트랙터회사를 유지하면서 고객에게 이익을 창출하는 회사로 거듭나는 것을 목표로 한다.

인도에서 다목적 자동차 부문(SUV)의 경쟁이 심화되고 있다. 인도 제일의 자동차회사인 타타 자동차는 상용차, 승용차와 아울러 경제자유화이후 Sumo 등 자체 브랜드 SUV를 생산하고 또한 고급브랜드 제품인 영국의 재규어와 랜드로버를 인수하고 이를 인도시장에 판매하고 있다. 소형승용차 부문 1위인 마루티 스즈키 회사도 다양한 승용차 생산과 더불어 SUV를 생산하는데 기존의 소형 SUV인 Gipsy와 고급브랜드인 Grand Vitara 이외에도 곧 추가로 신제품을 출시할 예정이다. 그 외 Renault, Toyota, GM, Honda 등도 인도의 다양한 소득수준에 맞추어서 각기 다른 제품을 출시하고 있다. 차츰 인도 소비자들의 소득수준이 향상되어짐에 따라 고급 브랜드를 찾는 고객층이 늘어가고 있다. 현대 자동차는 승용차 생산과 아울러 200만 루피(4만 $)전후의 가격으로 싼타페, 또한 2014년에는 젊은 층을 대상으로 이보다 적은 Creta를 출시해 시장에서 호평을 받고 있다.

마힌드라자동차는 2000년도 초반 기능성, 가격, 견고성 등의 특성을 염두에 두면서 가격대가 50만 루피(약 1만 $)에서 100만 루피(약 2만$)의 엔트리 수준의 SUV 모델 Bolero, Scorpio를 출시해 타 회사에 비해 높은 성공을 거두었다. 그러면서 이와 같은 성공을 염두에 두고 파워, 세련미에 추가해 제품의 다양성과 우수한 기술을 확보하고자 2009년 한국에서 SUV를 주로 생산하는 쌍용 자동차의 지분 약 70%를 4.63억 달러에 인수하였다. 또한 2013년 2월에는 추가 주식 발행에 참가해 38백만 달러를 별도로 투입하여 지분을 73%까지 끌어올렸다. 그러면서 2012년에는 쌍용자동차의 렉스턴, 체어맨을 인도시장에 고급브랜드로 출시해 제품 다양화를 기하고 있다.

•• 렉스턴을 연상케 하는 마힌드라 SUV

쌍용자동차는 마힌드라자동차에 인수된 이후 점차 정상화의 길을 걷고 있다. 2009년 약 3.5만대로 줄어들었던 판매는 2012년 12만대로 증가했으며 2013년에는 14.9만대를 목표로 하고 있다. 이에 따른 매출도 2011년 2.77조원(1,220억 루피)에서 2012년 3.2조원(약 1,550억 루피)으로 증가했다. 하지만 수익은 아직 내지 못하고 있으며 2012년 약 72억 루피

(1.4억 달러)의 손실이 발생했다. 마힌드라(M&M)는 자동차 부문의 경쟁력강화를 위해 앞으로 4년 동안에 약 1,000억 루피(20억 달러)의 투자계획을 발표했는데 이중 절반은 인도내에서 그리고 나머지 절반은 쌍용자동차에 투자될 예정이다.

쌍용자동차에 대한 투자금은 주로 수익을 통한 자체조달과 외부 차입을 통해 이루어지고 필요하다면 추가로 주식발행도 계획하고 있다. 쌍용자동차의 투자는 3개의 플랫폼과 6종의 엔진 개발에 이루어질 것이다. 현대자동차와 기아자동차가 개발된 플랫폼을 공유함으로써 투자비용을 줄이듯이 마힌드라도 3개의 플랫폼 투자를 쌍용과 마힌드라가 각각 하나씩 사용할 목적으로 하고 나머지 하나는 서로가 공동으로 사용하도록 계획한다. 각각의 개발된 플랫폼도 추가 투자를 통해 양측회사에 맞는 제품을 생산하도록 한다. 이 계획은 제품 경쟁력 강화를 목표로 하는데 예를 들어 하나의 플랫폼에서 대략 70%는 같은 제품이지만 쌍용과 마힌드라가 각각 특색을 갖는, 쌍용은 강력한 엔진에 초점을 맞추고 마힌드라는 효율성을 강조한 엔진을 사용하면 결국 별도 제품을 생산하면서 양측회사의 개발비를 줄일 수 있다. 마힌드라 인수 후의 쌍용자동차의 첫 제품 출시는 2015년으로 계획되어 있다. 또한 부품구입도 같이 함으로써 규모의 경제를 통해 가격을 낮출 계획이다.

마힌드라 자동차는 또한 쌍용자동차가 지금까지 이루어낸 해외시장 개척을 높이 평가하고 앞으로도 더욱 힘을 쏟을 예정이다. 쌍용자동차의 시장은 국내 판매 34%, 러시아 23%, 남아메리카 17%, 유럽 12%, 아시아 8%, 아프리카 및 중동 6%로 잘 분산되어 있다. 마힌드라는 쌍용자동차의 해외 판매를 강화하는 동시에 마힌드라와 함께 제품 다양화를 이루고 적극 해외로 진출하여 2014년 5% 수준인 마힌드라 제품의 수출을 2021년까지 13~14%까지 증가시킬 계획이다. 이와 같이 계획된 바가 순조롭게 진행되어 마힌드라의 쌍용자동차 인수가 양측에 도움이 되는 윈-윈의 결과를 낳기를 기대해 본다.

4-2. Tata 그룹

타타그룹은 이슬람의 박해를 피해 이란에서 건너온 배화교를 믿는 파르시 집단의 제사장 가문출신의 잠셋푸르 타타가 두 아들과 조카와 함께 19세기 중엽 뭄바이에서 섬유업으로 시작한 인도 제일의 기업이다. 2014년 매출액이 1032.7억 달러에 달하고 전 세계 80개국 이상에서 사업을 하며 매출액의 58%를 국외에서 이루었다. 전 세계에 약 58만 명의 종업원을 거느리고 있으면서 매출액이 인도에서 가장 클 뿐만아니라 또한 가장 존경받는 기업 중의 하나이다. 처음에는 섬유업에서 시작했으나 영국치하에서 호텔, 제철, 전력, 교육 등으로 확대하였으며 이후에도 계속해서 다방면으로 사업을 확대하여왔다. 특이한 점은 인도의 다른 기업들이 세대를 넘길수록 상속 등의 이유로 보통은 기업이 분할되는 데에 비해 타타그룹은 설립이후 분할 없이 계속 한 그룹으로 남으면서 확대해왔다는 점이다. 현재도 지분의 66%가 타타가문이 세운 자선재단에 속해있고 직전 라탄 타타 회장은 창립자의 4대 손이었다.

· · 뭄바이 타타본사 건물 Bombay House

타타그룹은 영국치하에서부터 지속적으로 사업을 다양화

해왔다. 제철, 항공에서부터 제지, 인쇄, 화학, 비누, 화장품, 소비자 전자제품 등으로 확대해왔으며, 독립이후 인도가 사회주의 계획경제를 펴면서 인허가 위주로 민간기업의 활동을 제약했을 때에도 타타그룹은 전문화를 통한 제품의 생산량을 쉽게 증가시킬 수 없었기 때문에 다른 분야에 진출해 기업다양화를 지속하였다. 계획경제하에서 새로이 진출한 분야는 상용자동차, 에어컨 등 경공업과 차, 소금, 제약, 시계 등 소비재산업 쪽이었다. 중공업 및 기간산업분야는 인도정부가 민간부문의 사업진출을 막고 국가공기업을 세워 운영하였다. 또한 일찍이 1968년에 타타그룹의 컴퓨터도입과 유지보수를 위해 시작한 소프트웨어기업 TCS(Tata Consultancy Services)는 인도경제에 선구적이 되면서 나중에 소프트웨어 산업 발전을 위한 토대를 닦아놓았다.

이와 같이 다양한 소비재산업 및 경공업에 진출한 타타그룹은 90년대 인도가 취한 경제자유화로 커다란 방향전환의 계기를 맞게 된다. 경제자유화를 하면서 그동안 규제 및 인허가로 보호된 사업 환경이 치열한 경쟁체제로 변함에 따라 타타그룹도 기업차원의 구조조정을 통해 국내에서 1, 2위, 최소 3위를 유지할 수 있는 기업만을 남기고 전망이 밝지 않는 분야는 과감히 철수하였다. 이 기간 타타가 구조조정을 통해 집중한 분야는 1)제철 등 기초 원료제품, 2)자동차 등 엔지니어링, 3)화학, 4)전력 등 에너지, 5)차(tea)와 시계 등 소비자 제품, 6)금융, 호텔 등 서비스산업, 7)통신 및 정보시스템 이었다.

타타그룹은 국내기업들을 구조조정한 뒤에는 국제수준의 품질, 다변화 및 규모 확대를 위해 과감히 해외기업 인수를 추진하였다. 지난 2000년 이후 국제화를 통해 기업을 키운 분야는 인도가 세계적인 경쟁력을 갖춘 소프트웨어산업을 필두로 2002년 영국의 세계2위 차(Tea)회사 Tetley 인수, 2004년 한국의 대우상용차 와 뒤이어 2008년 영국의 승용차 랜드로버와 재규어 인수, 2007년 영국계의 코러스 제철 인수 등이다. 물론 인수초기에는 특히 선진국의 기업을 인수한 것에 대해 비용을 과다하게 지불하고, 인건비의 비중이 높은 선진국의 기업을 인수한 것은 전략적인 실수라는 비판이 일었다. 그렇지만 당시 회장 라탄 타타는 타타의 결정은 장기계획에 따른다하고 이를 밀어붙였다. 물론 이와같은 해외기업의 인수는 타타그룹의 알짜기업인 인도 제일의 소프트웨어회사 TCS가 국내외에서 벌어들인 수익에 힘입은 바 크다.

타타그룹은 인도국민들에게서 제일 존경받는 기업일 뿐만 아니라 일찍부터 종업원복지제도를 통해 근로자의 권익향상을 위해 노력해왔다. 8시간 근무 제도를 20세기 초에 인도에

서 처음으로 도입했을 뿐만 아니라 기업의 사회적 책임을 중
시해 각 기업의 매년 수익의 2%를 사회적 목적으로 사용하도
록 하고 있다. 1991년부터 타타그룹을 이끌어온 전 회장 라탄
타타는 2012년 말에 75세로 물러나며 본인이 타타에 활력을
불어넣기 위해 심사숙고해 선택한 다음 회장은 타타 가문은
아니지만 같은 파르시 출신이며, 타타 가문이외의 타타그룹
최대지분 소유자인 미스트리가문의 40대 초반 사이러스 미스
트리(Cyrus Pallonji Mistry)에게 바톤을 넘겨주고 은퇴했다.
그러면서 타타그룹의 앞으로의 횡보에 많은 사람들의 관심이
쏠리고 있다.

4-3. 릴라이언스(Reliance) 형제 그룹

인도 릴라이언스그룹은 지난 1960년대 인도 구자라트 출신
디루바이 암바니(D. Ambani)가 섬유수출입에서 사업가능성
을 찾은 후 차츰 섬유의 원료인 석유화학분야의 폴리에스터,
폴리에칠렌, 파라핀의 공장을 지은 후 궁극적으로 정유 및 석
유, 개스채굴에 이르기까지 석유화학 일관사업으로 확장시킨
그룹이다. 릴라이언스그룹은 인도의 타타나 빌라그룹과 같은
역사가 오래된 그룹과 달리, 상대적으로 짧은 1세대만에 그
룹을 성장시켜 타 그룹들로부터 정치인 및 행정관료와의 밀

착 때문이다 라는 비판을 많이 들었다. 그럴때마다 창립자인 디루바이 암바니는 기업에게는 정부가 가장 중요한 외부 환경이다라면서 일부 인정하는 자세를 취하였다. 그렇지만 릴라이언스에 대한 주위의 다른 시각은 릴라이언스가 성장을 위해 다른 기업들과 달리 일찌감치 투자자본의 조달을 당시 규제가 심한 공공은행이 아닌 인도의 주식시장 참여자들로부터 한 점, 또한 석유화학의 인도수요뿐만 아니라 수출까지 고려해서 생산설비에 규모의 경제를 갖춘 점을 들고 있다.

•• 뭄바이에 있는 Mukesh Ambani(왼쪽)와 Anil Ambani(꼭대기 헬리포트 설치) House

디루바이는 릴라이언스 그룹의 성장과정에 두 아들 무케시 암바니(Mukesh A.)와 아닐 암바니(Anil A.)를 일치감치 참여시켰다. 무케시는 화학전공이고 아닐은 재무전공으로 아버지를 물심양면으로 도왔다. 릴라이언스 그룹은 석유화학으로 성공한 후 인도경제의 개혁, 개방으로 열려진 이동통신, 소매업, 금융업, 전력사업, 미디어분야에 적극 진출하였다. 2002년 창립자 디루바이 암바니의 사망 후 형제간에 알력이 생겨 결국 2005년 어머니의 중재 하에 형은 그룹의 근간인 석유화학과 소매업을(릴라이언스 그룹), 동생은 그룹이 새로이 진출한 금융, 발전, 이동통신, 미디어 등으로 분리(Anil Dirubhai Ambani Group, ADAG 그룹), 당시 약 6:4 규모로 나누었다라고 평가했다.

하지만 그 후 형의 석유화학기업 릴라이언스 인더스트리 (RIL)는 이미 투자가 되어있고 또한 투자수익금으로 신규투자를 지속적으로 해서 여전히 인도 최대의 민간 기업이면서 개인적으로도 인도 1~ 2위로 꼽는 최대부자로 남아있지만, 금융, 이동통신, 전력, 미디어 등 신사업을 맡은 동생그룹은 신사업의 특성이 지속적인 투자를 요하고 경쟁도 치열해서 형의 회사 RIL처럼 기존사업체에서 나오는 수익이 뒷받침되질 않아 그룹이 2008년 금융위기 때 최대의 낙폭을 기록한 후 약세를 지속하고 있다.

4-4. 인도 제일의 건설 및 엔지니어링
회사, 라슨 앤 투브로(L&T):
일류 방위산업 및 전략업체로의 꿈

라슨 앤 투브로(Larsen & Toubro, 약자 L&T)는 1938년
유럽의 불안한 정세로 인도에 피난온 덴마크인 2명의 기술
자 Holck Larsen과 Kristian Toubro에 의해 뭄바이에서 세
워져서 발전해 온 인도를 대표하는 국제적인 종합 건설회사
이다. 처음에는 2차 대전 발발로 수입 할 수 없었던 우유제품
설비를 제작했으나 그동안 기계제작, 건설, 엔지니어링, IT
로 뻗어가 현재는 인도에서 가장 존경받는 기업 중의 하나이
면서 최고의 브랜드가치를 가진 '국민' 건설회사의 위치에 도
달했다.

•• L&T사가 주 건설사로 참여한 델리 Metro

L&T는 경제자유화 이후 1998년 매출이 740억 루피(약 17.5억 달러, 42루피/$) 에서 16년이 지난 2014년 8,611억 루피(약 156억 달러, 55루피/$)로 루피화 기준 10배 이상 상승했고 따라서 주식 시장가치가 급등하면서 2003년 약 600억 루피가 2014년 14,700억 루피로 약 25배 상승했다. L&T는 종업원들이 주식의 12.02%를 보유하고 37%를 보유한 정부금융기관들이 뒷받침하고 있으며 어디에도 속하지 않은, 전문 종업원이 운영하는 자율적 회사로 발전하고 있다.

그렇지만 잘 나가던 L&T도 한때 다른 기업이 인수합병을 하려는 위기에 처한 때가 있었다. 계획경제기간 동안 L&T는 건설사업과의 연관성 때문에 시멘트를 사업영역에 추가하여 1980년대 이후 거의 450억 루피(당시 환율로 10억 달러 이상)를 투자해 연간 생산 1,500만 톤 규모로 키웠다. 그렇지만 인도 전역의 건설 프로젝트 수요가 줄어들면서 매출이 급감하자, L&T의 수익을 깎아먹고 한때는 L&T를 부실 및 다른 기업에의 인수위기에 까지 빠지게 했다. 이에 L&T에 그동안 대규모 석유화학단지 및 정유공장 건설을 맡긴 인도의 대표적 석유화학기업 릴라이언스 인더스트리(Reliance Industry Limited)가 흑기사 역할을 하면서 나타났고, L&T 주식의 18%까지 보유하였다. 그렇지만 릴라이언스 인더스트리 역시 L&T 및 L&T 보유 현금에 욕심을 내고 인수합병을 추진했으나, 불안정한 정치상황 하에서 인도정부 동의를 얻지 못해 결국 뜻을 이루지 못하였다. 이에 L&T 경영진은 시멘트부문과 상당부문 부채를 릴라이언스 인더스트리로부터 주식을 인수한 다른 기업과 협상해, 주식을 교환하는 구조조정을 단행하여 기업을 정상 위치로 되돌려 놓았다. 또한 그 과정에서 종업원 지분을 확보하는 지혜도 발휘해 기업구조의 안정을 회복했다.

L&T는 그동안 릴라이언스 인더스트리의 구자라트주 하지라(Hazira) 대규모 석유화학공장과 인도에서 단위 공장으로 규모가 가장 큰 잠나갈(Jamnagar)정유공장을 국제규모로 건설하면서 이름을 떨쳤다. 그러면서 L&T는 엔지니어링, 구매와 건설까지 하는 국제적인 종합건설회사로 성장했다. 현재 L&T의 사업영역은 크게 건설, 엔지니어링, 제조 및 IT서비스이다. IT서비스는 L&T가 키워온 기술 인력이 다른 IT기업으로 빠져나가는 것을 막고, 제조, 건설 및 엔지니어링에 IT기술을 접목시키기 위해 전략적으로 시작했다. L&T는 제품생산에도 힘을 쏟아, 일본의 Komatsu, Kobe Steel, Hitachi, Mishbishi 중공업, 영국계 Howden사와 합작하여 건설기계, 발전보일러, 스팀터빈, 발전기, 휀(fan), 프리히터 등 중기계를 생산하고 있다. 또한 해외진출에도 힘을 쏟아 20년 전인 1995년에는 전체 매출에서 해외부문의 비중이

약 2%로 미약했으나, 현재 중동, 아프리카 등으로 진출하여 2014년 약 20%를 달성하였다.

L&T는 앞으로 기술력 전문회사로 거듭나기 위해 인력배치, 사업영역, 제품 포지셔닝 등을 조정 중이다. L&T는 지금까지 사업특성상 조선, 항구건설 및 운영, 부동산개발, 메트로(Metro) 합작건설 및 운영 등에 참여 했으나 가격이 맞으면 이 사업들을 구조조정 할 계획이다. 그러면서 인력을 보강해 인도가 현재 역점을 두고 있는 방위산업과 첨단 전략 부문에 집중할 계획이다. L&T는 이미 인도 우주연구소(ISRO)의 로켓제작, 원자로 건설, 인도의 첫 핵잠수함 사업에도 관여하고 있다. 인도는 방위산업 및 전략분야인 잠수함, 군함, 원자로 제작 등에서 기술력우위를 점하고 있는 한국기업과의 협력을 기대하고 있고, L&T 역시 한국기업들의 좋은 파트너 역할을 할 것으로 기대된다.

4-5. 상용차시장

인도는 지속된 경제성장으로 자동차 산업 특히 소형승용차 산업의 높은 성장과 더불어 상용차 시장도 빠르게 확대되고 있다. 2011년 인도의 상용차시장은 전년도에 비해 18.2%

증가한 약 88만대의 시장이 되었다. 인도자동차 제조자 협회(Society of Indian Automobile Manufacturers, SIAM)에 따르면 인도 상용차시장은 2012년도에는 인도경제 저성장의 영향으로 최근 처음으로 마이너스 성장을 기록했으나 2013년에는 10~11%로 회복되고 앞으로 연 평균 15%씩 성장하여 2016년도에는 160만대 시장으로 떠오르고, 2020년도에는 250만대 수준으로 현재 세계 5위에서 중국, 미국에 이은 세계 3위의 상용차 시장이 될 것으로 예측한다.

인도 상용차시장은 중형 및 대형트럭부문(Midium and Heavy CVs, MHCVs), 소형트럭과 버스 및 미니밴부문(Light CVs and Minivan), 대형버스부문으로 나누어진다. 이중에서 비중이 가장 큰 부문은 0.5톤에서 7.5톤까지의 소형 트럭과 버스, 미니밴 부문인데 수량으로 약 65%를 차지하고, 7.5톤 이상의 중대형 트럭부문이 25%, 4톤에서 16톤까지의 버스부문이 약 10%를 차지한다. 이 중에서 중대형트럭의 판매는 경제활동으로 인한 화물운송과 밀접하게 관련을 맺고 GDP성장, 산업생산 그리고 도로, 항만, 공항, 전력과 같은 인프라활동과 연관되어 있다. 반면 소형트럭과 버스 및 미니밴시장은 주로 농업, 소매 및 소비와 연관이 되어 중대형 트럭 부문에 비해 경제활동에 덜 민감하고 상대적으로 안정적이다. 그리고 도시화, 생활수준향상 등이 버스에 대한 수요에 영향을 끼친다. 그 외 자동차 금융의 존재, 이자율, 경유 가격 등이 상용차 시장 전반에 영향을 미치는 변수이다.

　인도의 상용차시장은 타타자동차(Tata Motors)와 아쇼 크-레이랜드(Ashok Leyland)라는 두 회사가 2012년도 각각 63%와 22%의 압도적 시장점유율을 갖고 있고 나머지 15%가량을 인도의 기타 자동차회사 및 외국계회사들이 차지하고 있는데 앞으로의 상황은 여러 회사들이 본격적으로 시장에 진출함에 따라 비중이 크게 달라질 수 있어 보인다. 한국에서 대우상용차를 인수해 활약하고 있는 인도 제일의 타타(Tata)자동차에 비해 상대적으로 덜 알려진 아쇼크-레이랜드는 인도에 진출한 현대자동차가 위치한 타밀라두주 첸나이에 주된 공장을 두고 있는 상용차 회사이다. 이 회사는 최근 일본의 Nissan 자동차와 50:50으로 합작해 약 230억 루피(약 4.6억 달러)를 투자하여 년간 20만대 생산능력의 소형 상용차 생산시설을 완공했다. 그 외에 스웨덴 볼보(Volvo) 회사와 합작한 아이쳐 회사(Volvo-Eicher Commercial Vehicle)는 트럭과 버스부문에서 생산시설을 늘리고 있다. 또한 한국의 쌍용자동차를 인수한 인도의 Mahindra 자동차 회사는 원래의 다목적자동차 위주에서 트럭과 버스 부문으로 확대하고 있다. 또 다른 인도회사 Asia Motor Works(AMW) 는 해외 및 인도 내에서 부품을 구입해 조립해서 판매하는 독

특한 전략으로 트럭 및 버스업계에 진출하여 시장점유율을
확대해 나가고 있다.

•• 첸나이 인근 Sriperumbubur 현대자동차 공장

독일회사 Daimler-Benz는 타밀나두주 오라가담
(Oragadam)지역에 400에이커의 부지에 약 440억 루피
(약 8.8억 달러)를 투자하여 100% 지분을 소유한 Daimler
India Commercial Vehicles(DICV)를 세웠다. 2013년 현재
BharatBenz 브랜드로 연산 36,000대 생산 규모를 갖추었지
만 인도 내에서 부품을 조달하면서 차츰 확대하여 70,000대
생산규모를 갖출 예정이다. 일본의 Isuzu 자동차는 인도 스
와라즈(Swaraj) 그룹과 합작해 버스부문에서 SML Isuzu 브
랜드로 제품을 판매하고 있는데 약 2억 달러를 추가로 투자
해 소형트럭과 범용유틸리티 자동차를 연 10만대 이상 생산

할 계획이다. 또한 국제적 트럭회사 스카니아(Scania)는 뱅갈로르(Bangalore)에 2013년부터 시작해 5년 안에 2,000대의 트럭과 1,000대의 버스를 생산할 계획을 실행 중이다. 또 다른 저명 회사인 만(Man)트럭은 인도 중부의 마드야 프라데쉬(Madya Pradesh)주에 년 간 24,000대의 자체 트럭생산시설을 세웠을 뿐만아니라 인도 자동차회사인 Bajaj Tempo와 6톤에서 16톤에 이르는 중형트럭 생산을 위해 협력하기로 했다.

인도와 일찍부터 방위산업 부문에서 협력하고 있는 러시아의 최대 트럭회사 Kamaz도 인도의 방산업체 Vectra Group과 함께 트럭을 뱅갈로르 인근 도시 호수르(Hosur)에서 생산하고 있다. 그 외 토요타(Toyata)자동차도 전 세계적인 판매망을 갖고 있는 Hino브랜드 트럭을 2015년까지 인도에서 생산하고 판매하기 위해 현재 부지를 물색하고 있다. 중국의 최대 상용차회사인 Beiqi Foton Motor(北汽福田) 그리고 Great Wall Motor(長城汽車)도 늦어도 인도에서 2015년부터 자체 제품을 생산하기 위해 구자라트(Gujarat), 타밀나두(Tamil Nadu), 마하라쉬트라(Maharashtra)주에서 부지를 물색하고 있다.

한국의 현대자동차는 현재 인도 승용차부문에서 마루티

스즈키(Maruti Suzuki)사에 이어 판매 2위를 달리고 있다. Eon, i10, Santro 등 브랜드로 소형차부문에서 경쟁력을 갖추었으며 차츰 인도경제 상승에 맞추어 Verna, Elantra, Sonata 등으로 제품을 확대해 나가고 있다. 한 가지 아쉬운 점은 인도의 상용차시장에도 현대자동차가 제품을 출시했으면 하는 바램이다. 그것의 첫 단추로서, 국내에서 인기제품인 1톤 트럭인 포터나 기아자동차의 봉고 등을 인도에서 생산할 수도 있으나 소형승용차처럼 인도실정에 맞추어 현지화해서 진출할 수도 있겠다 라는 생각을 갖는다.

4-6. 전문기업 성향의 강화

인도의 기업구조 패턴은 지금도 상당수 그렇지만 과거 계획경제하에서 한 기업이 다양한 분야에서 기업 활동을 하는 경우가 많았다. 우리나라에서 보통 재벌이 여러 분야에서 사업을 하는 것과 유사하였다. 이와 같이 인도기업들이 과거 계획경제하에서 다양한 분야에서 사업을 하게 된 것은 그럴만한 이유가 있었다. 당시 인도경제는 사회주의 혼합경제체제하에서 민간 기업들에게는 경공업 및 소비재공업 쪽에서만 사업을 하도록 하고 중공업 및 기간산업분야에서는 정부가 공기업을 세우고 경제전반에 걸쳐 규제와 인허가로 민간기업의 활동을 제약하였다. 그러면서 민간 기업이 활동하는 분야에서 생산규모를 확장하려고 할 때 인도정부는 규제를 가해 통상적으로 허가를 내주지 않았다. 따라서 기업은 기존분야에서 생산 확장을 하기보다는 기업인수 등을 통해 다른 분야로 진출하는 경우가 많았다.

또한 당시 인도경제가 후진 상태에 있으면서 투자자금을 쉽게 조달할 수 없었고 또한 지금은 기업이 필요로 하는 인재를 구해주는 헤드헌팅회사가 곳곳에 있어 경험을 쌓은 경영진을 쉽게 구할 수 있지만 과거 계획경제체제하에서는 그렇지 못하였다. 따라서 새로운 기업이 등장해 발전하는 것이 무척 어려웠다. 반면 기존 기업들은 새로운 자금을 구하는 것이나 기업내부에서 이미 경험을 쌓은 노련한 경영진이 있었기 때문에 새로운 부문에 진출하는 것이 그렇지 않은 신생회사들 보다 사업을 하기에 훨씬 유리한 여건에 있었다. 따라서 과거 인도기업들은 다양한 분야에서 사업을 하면서 여러 사업체를 거느리는 경우가 많았고 그만큼 새로운 기업은 등장하기가 어려웠다.

하지만 이렇게 기업이 다양하면서 때로는 관련 없는 분야에서 사업을 하던 패턴은 1990년대 이후 인도가 경제자유화쪽으로 방향을 선회하면서 달라지고 있다. 규제가 완화되고 기업의 자율적 판단이 존중되면서 기업 간에 경쟁이 치열해지고 경쟁력이 약한 기업들은 물러나면서 분야별로 구조조정이 이루어지고 있다. 대기업들은 시장에서 최소 1,2,3등 하는 분야만 남기고 앞으로 전망이 밝지 않는 분야에서는 철수하고 있다. 인도의 최대기업인 타타그룹도 과거 활동하던 비누, 화장품, 가전제품, 시멘트 등에서 철수하고 기본소재, 화학, 에너지, 엔지니어링, 서비스, 차 등 소비재, 정보통신 분야로 구조 조정하였다. 그만큼 변화된 시장여건에 따라 인도의 대표적 기업도 과거의 다양한 분야에서 활동하던 것에서 전문 분야로의 구조조정을 하고 있다.

이와 더불어 경제자유화이후 개선된 기업여건과 함께 특화된 분야에서 기존 기업에 속하지 않는 새로운 전문기업들이 등장하고 있다. 이와 같은 전문회사들이 활약하고 있는 분야는 IT 소프트웨어, 제약 등 기업특성상 연구와 개발이 큰 역할을 하는 분야, 과거 공기업으로 사업을 제한했으나 민간 기업에게 사업기회를 개방한 금융, 통신, 그리고 전력 등 에너지 관련사업과 자원개발, 풍력 및 태양광 등 신재생 에너지 등으로 다양하다. 이런 분야의 기업들은 과거 다양한 분야에서 활동하던 기업들 보다 기업가들의 전문지식이 높고, 오너로서 직접 경영하는 성향이 강하기 때문에 사업결정이 신속하고, 책임감, 신뢰감이 높고 또한 시장에서 빠르게 성장하고 있다.

•• Bharti Airtel 회장 Sunil Bharti Mittal과 Airtel 사업장

통신 분야의 대표적 전문기업인 Bharti Airtel은 70년대 말 대학을 갓 졸업한 창업자 수닐 바르티(사진, Sunil Bharti)가 아버지로부터 빌린 약 오백 달러의 금액을 갖고 사업을 시작한 후 전화기 제조 사업을 매개로 이동통신사업을 시작해 2014년 인도 내 1위의 1.85 억명 가입자와 그 외 스리랑카 등 남아시아, 아프리카 등 20여 개 국가에서 7천 6백만 명, 합계 총 2.61억 명 가입자, 년 145억 달러 매출의 이동통신 세계 3위 회사로 도약하였다.

4-7. 알루미늄 생산업체들: Hindalco 및 Vedanta

알루미늄은 가볍고 내구성이 강한 특성으로 인해 전 세계적으로 수요가 지속적으로 증가 하는 대표적인 비철금속이다. 알루미늄은 건설, 전기, 자동차 및 포장분야에서 많이 쓰이고 있다. 인도는 알루미늄의 원료인 보크사이트의 매장량이 약 30억 톤에 이르는데 이는 전 세계 매장량의 약 7.5%에 이르고 알루미나(알루미늄의 원자재)를 약 47%까지 포함하는 품질이 우수하다고 평가받고 있다. 인도는 호주, 기니아, 브라질, 자마이카 등 주요국가에 이은 세계 6위의 보크사이트의 매장국가이다. 인도내에서 보크사이트는 중동부에 있는 오딧사주 및 인근에 주로 매장되어 있다.

2011년 인도에서 알루미늄 생산은 162만톤, 수요 161만톤에 달했다. 2012년 인도 알루미늄생산은 전 세계의 5% 수준으로 중국, 러시아, 캐나다, 호주, 미국, 브라질 등에 이은 8위이다. 인도 보크사이트의 뛰어난 품질과 전력 등 다른 낮은 생산요소의 투입비용 때문에 인도는 가장 저렴하게 알루미늄을 생산하는 국가에 속한다. 대부분의 인도 알루미늄 제련회사들이 자체적으로 발전소를 운영하는 점도 생산비용을 낮게하는 요인이 되고 있다. 인도는 2016년까지 년 평균 11.4%씩 생산을 증가하여 266만 톤을 생산할 계획이다. 반면 인도의 알루미늄의 개인당 소비는 년간 2kg 미만으로 이는 미국이나 EU국가들의 약 25~30kg, 일본 15kg, 대만 10kg, 중국의 3kg에 비해 낮은 수치이다. 인도의 알루미늄소비는 2000년 들어 경제발전에 따라 꾸준히 증가하고 개인당 0.7kg에서 10년간 2010년 1.8kg으로 약 2.5배 증가하였다.

•• 알루미늄 전동차량이 달리는 델리 Metro

앞으로도 인도에서 알루미늄수요가 산업발전에 따라 지속적으로 증가하면서 년 평균 8.5%씩 증가해 2016년 243만 톤에 이를 것으로 추정하고 있다. 인도의 알루미늄수요가 증가하는 요인으로 인도경제의 고속성장이외에 가속화하는 도시화 및 개인당 소득이 년간 1,000$을 넘어서 본격적인 알루미늄 소비증가를 들고 있다. 다른 금속에 비해 강도, 유연성,

내구성, 가볍고 부식이 되지 않는 장점, 100% 재활용이 되고 우수한 전도체 성질로 알루미늄은 점차 자동차와 전기부문에서 동과 철을 대체하고 있다. 더구나 알루미늄은 동보다 훨씬 저렴하고 현재 인도의 알루미늄 수요는 전기부문이 36%, 자동차 22%, 건설이 10% 정도이다. 반면 전 세계적으로는 자동차와 건설부문이 주된 수요를 차지한다.

인도의 알루미늄생산의 대표회사는 Hindalco와 Vedanta이다. 그 외 공기업인 Nalco 등이 있다. 이들 회사들 대부분이 알루미늄 광산채굴, 제련 및 제품을 생산하는 일관회사들이다. 2013년 생산능력은 Hindalco가 50만 6천톤으로 1위이고 다음으로 Vedanta가 50만톤 이다. 이들 두 업체 모두 2020년까지 생산능력을 2배 이상 늘릴 계획이다. Hindalco는 인도의 대표적 제조기업인 Aditya Birla그룹의 일원이고(2014년 그룹 총매출 450억 미 달러) 알루미늄과 함께 동이 주력생산품이다. A. Birla 그룹은 2007년 캐나다 알루미늄 다국적기업인 Alcan Inc.를 약 60억$에 인수하였다. 이후 Alcan을 Novelis로 개칭하고 100% 소유의 자회사로 만들었다.

Novelis는 Alcan Inc. 때부터 한국에 진출하여 영주와 울산에 알루미늄 제조공장을 운영하며 압연과 재활용 알루미늄 캔 등을 생산하고 삼성, LG 등 국내 여러 기업들에게 제품을 공급하고 있다. 그 외 Vedanta Resources는 인도를 비롯 호주, 잠비아 등에서 구리, 아연, 알루미늄, 납, 철광석 등 자원관련 사업을 하는 회사(2013년 150억 달러 매출)로 이와는 별도로 2001년 당시 국영알루미늄회사인 Balco(년 44만 8천톤 생산)를 51% 인수하여 지금까지 성공적으로 운영하고 있다.

4-8. 인도 1위 승용차 업체 마루티-스즈키 (Maruti-Suzuki)사의 혁신과 도전: 친환경과 저렴한 유지비 차로 승부

일본 스즈키 자동차의 인도법인 마루티-스즈키(이하 마루티)사는 인도에서 작은 차에 미래가 있다고 보고 지난 1980년대 초에 인도에 진출한 이래 30년 동안 배기량 1.3 리터 이하의 소형승용차만을 뉴델리 인근 하리야나주, 구르가온 (Gurgaon)과 마네살(Manesar)에서 생산하면서 사업을 해오고 있다. 마루티사는 휘발유, 경유 그리고 대체에너지 CNG를 연료로 하는 15개의 모델에서 200여 변형을 구르가온 공장 62만대, 마네살 공장 55만대 등 연간 총 117만대를 생산하는데 이를 2020년까지 200만대로 증설할 계획이다. 마루티사는 생산한 제품을 유럽, 중남미, 아시아 등 전 세계 100여개국에 수출한다. 2014년까지 인도에서 마루티사가 판매한 자동차 대수는 1,000만대가 넘었고 수출도 100만대 이상을 하였다. 1990년대 인도경제자유화 이후 저렴한 인건비, 증가하는 중산층과 12억 인구를 고려하여 Hyundai, GM, Ford, Toyota, Honda 등 세계 주요 자동차업체들이 인도에서 소형차 생산에 가세해 경쟁이 치열해졌을 뿐만아니라, 2008년 금융위기 후 세계경제 불황과 인도경제위축에 따른 자동차수요 감소는 지난 1983년 이후 인도시장에서 승용차 시장점유율 1위를 유지해온 마루티사로 하여금 위기감을 불어넣고 한편으로는 새로운 도약을 모색하도록 한다.

인도승용차시장은 2010년 29.0% 성장 후 2011년 12.2%, 2012년 12%로 성장률이 줄어들었다. 2013년에 들어서는 본격적인 경기침체와 경제 불확실성이 소비자의 구매의욕을 감소시켜, 2002년 이후 11년 만에 처음으로 소비가 2012년 약 200만 대에서 2013년 180만대 수준으로 −9.6% 하락하였다. 더불어 인도시장에서 휴발유 차량과 경유 차량의 판매는 기름 값의 변화에 극도로 민감하다. 인도에서 휴발유 가격은 대체로 시장원칙에 따라 결정되나 경유가격은 정부 통제하에서 보조금을 받는데 휴발유 가격 상승은 경유차에 대한 선호를 높이면서 2012년 인도 경유차의 판매비중이 예전 20% 미만에서 40%까지 상승하였다. 그러면서 마루티사의 경유차 판매비중도 2011년도 48%에서 2012년도 58%까지 상승하였

• • 뉴델리 중심가 Rajiv Chowk에 주차된 상당수의 Maruti 자동차와 세단

다. 그렇지만 2013년 들어 정부가 경유 보조금을 줄이면서 휴발유 가격과 경유가격 차이가 줄어들자 경유차 판매는 다시 줄어들고 있다. 그러면서 마루티사의 친환경 대체에너지 CNG차량의 2012년 판매는 2011년에 비해 31.6%가 증가한

51,000대가 팔렸다. 그 외에 인도 승용차 시장에서 소비자의 탄소 배출 절감, 연료효율성 등 친환경차량에 대한 의식과 안전, 차량구입가격을 포함해 저렴한 유지비가 드는 제품에 대한 요구가 증가하고 있다. 이에 마루티사도 2012년 7월 마네살 공장에서 대규모 근로자 소요사태를 겪은 후 회사를 다시 정비하면서 친환경 및 저렴한 유지비의 제품생산을 회사의 최우선 모토로 삼고 경쟁력 강화를 위해 노력하고 있다.

마루티사는 과거 수익성을 위해 자동차 판매가격을 올린 적이 있으나 결과적으로 매출감소로 이어져 가격상승은 올바른 정책이 아니라는 것을 깨달았다. 대신 규모의 경제 추구와 기술혁신을 이루어 자재비, 인건비 등의 상승에 따른 가격조정을 최대한 억제하려 한다. 이를 위해 그동안 내부해 유보해놓은 1,842억 루피(약 30억 미 달러) 자금 중에서 디젤엔진공장을 구르가온 공장 내부에 170억 루피를 들여 짓고, 마네살 공장에 기존의 2개 생산라인 55만대 생산능력에 추가해 3번째 생산라인 설치에 192.5억 루피를 투자하고 있다. 이와 별도로 마루티사는 구자라트 주 수도 아메다바드 (Ahmedabad) 인근 메사나(Mehsana) 지역, 700에이커 부지에 내수 및 수출을 위한 제3의 공장을 짓고 있다. 이 공장은 2015년 말부터 제품을 생산할 예정이다. 마루티사는 이 공장의 1단계 25만대의 생산을 위해서 약 400억 루피를 투자하고 있다. 또한 내부관리 측면에서 전력, 용수, 시설, 자재 등의 자원을 효율적으로 사용하는 것이 경쟁력 유지에 필수적이란 생각으로 2012년 주주, 종업원, 협력업체, 고객이 참여하는 설문조사를 행하였다. 여기서 모인 약 40만 건의 제안을 검토하고 실행에 옮겨 약 35억 루피를 절약하였다. 효율화를 위해 실천에 옮긴 사항은 부품 한 개당 1그램씩 무게 줄이기, 공장 내에 3,160개의 태양광 패널설치, 백열전등을 LED 전등으로 교체, 3,000대의 로봇사용, 페인트작업 슬러지를 시멘트공장에 보내 공동처리, 폐동선에서 구리회수, 알루미늄슬러지에서 알루미늄 회수 등이다.

마루티사는 또한 자동차공장이 환경오염을 일으킨다는 인식을 불식시키기 위해 구르가온 및 마네살 공장에서 환경관리의 세계적인 기준인 ISO 14000 인증을 획득했고 아울러 주요 협력사들도 2014년 말까지 같은 인증을 획득하도록 하고 있다. 회사가 환경 규정을 지속적으로 지키는 것이 회사에 이익이 될 뿐만아니라 결국 소비자에게 이익이 돌아간다는 자세로 국제환경 원칙의 환경감사를 네덜란드 회사로부터 받고 있다. 마루티사는 또한 기술혁신을 위해 신제품 출시 및 제품다양화, 자동차 배출가스 감소와 엔진 효율화를 위한 연구, 전기차 및 CNG 등 대체에너지 차에 대한 연구개발 등에 적극 나서고 있다. 이를 위해 스즈키 본사와의 협력과 함께 현재 300여 명의 연구 인력을 장차 1,200명 수준으로 증가시킬 계획이다. 그러면서 이에 필요한 연구예산도 2011년 37억 루피에서 2012년 51억 루피로 증액시켰다. 그리고 마루티사는 2008년부터 자동차 폐기물에서 나오는 화학물질 제거 및 부속품의 85%이상을 재활용하는 프로그램을 운영하면서 환경개선에도 힘쓰고 있다.

마루티사는 매출 증대를 위해 외부로도 적극 나서고 있다. 과거 마루티 승용차를 구매한 약 천만명의 고객을 대상으로 마케팅 전략을 적극적으로 펴는 한편, 지금까지 승용차 판매에서 소외되었던 인도의 약 60만 농촌마을을 대상으로 하는 판매딜러를 2008년 2,500명 수준에서 2014년 7,800명으로 확대하고 현재 전국에 있는 약 300 여개의 마루티 이동 아프터서비스 망을 한국의 면 단위에 해당하는 Taluka 마다 1곳을 설치하는 약 1000개의 망으로 확대할 계획이다. 또한 마루티사는 기업의 사회적 책임활동(CSR)을 통해 잠재적 고객층을 넓혀가는 일을 꾀하고 있다. 운전자의 운전습관 향상을 통해 연료효율성이 향상되고 또한 배기가스 문제도 개선되어질 수 있다고 보고 인도 전역에 걸쳐 기존운전자와 신규 운전자들을 대상으로 운전기술을 향상시키면서 도로안전의식 함양을 위한 CSR 프로그램을 시행 중이다. 여러 주정부 산하 "운전 및 교통연구원(Institute of Driving and Traffic

Research, IDTR)"에 운전 교육과 실전테스트를 위해 사용하는 1대에 약 50만 루피 하는 시뮬레이터를 마루티사가 기증해서 훈련에 사용되도록 하고 있다. 이 훈련에 훈련생은 총 22시간의 교육을 받는데 지금까지 약 150만 명이 참여했다. 그 외 마루티사는 인도전역에서 마루티 딜러들과 협력해서 282곳의 마루티 운전학교를 운영, 한해 약 50만 명에게 운전 교육을 시키면서 잠재적 마루티사의 고객층으로 끌여 들이고 있다

이와 같은 마루티사의 경쟁력을 높이면서 친환경적인 활동에 힘입어 2013년도 인도 승용차전체 매출이 감소한 어려운 여건 속에서도 마루티사는 2013년도 4월부터 12월까지 9개월 동안 승용차 시장점유율을 43.85%에서 5.4%나 상승한 49.24%로 높이면서 전년 동기에 비해 매출이 6.7% 상승하는 커다란 성과를 거두었다. 인도 전체 승용차 판매량 129만대 중에서 마루티사 제품이 63만 7,000대를 차지했다. 뿐만아니라 역점을 둔 농촌판매도 마루티사의 전체 판매량에서 2011년 28%에서 2012년 31%로 상승하면서 앞으로의 판매전망을 더욱 밝게 하고 있다. 2015.2월 현재 인도 승용차시장에서 마루티사에 이어 2위, 시장점유율 약 16.2%를 점하고 있는 현대자동차의 새로운 도약을 기대해 본다.

Part 5

외국기업(지멘스, IBM, 가전기업,
현대중공업 건설장비부분, 시티은행,
Pepsi-India), 독일기업의
투자중심지: 푸네

5-1. 지멘스(Siemens AG) 인도

지멘스는 유럽에서 가장 큰 전기 및 전기설비기계 회사로 2011년 글로벌 포춘 500대기업 47위에 랭크되어 있으면서 인도를 포함한 전 세계 160여 국가에서 사업을 하고 연간 매출 735억 유로를 올렸다. 지멘스는 인도에서 100년 이상 사업을 한 오랜 인연을 가지고 있다. 지멘스는 영국의 인도통치가 본격적으로 시작된 1860년대 런던에서 베를린, 바르샤바, 테헤란을 거쳐 캘커타까지 12,000km에 이르는 통신망을 건설한 기업이다. 지멘스는 2차 대전이 끝난 후 1954년 다시 인도로 돌아와 2014년 인도에서 자회사 지멘스인도를 통해 산하 14개의 별도법인체를 운영하고 21개 공장에서 교환기이

외에 의료기, 변압기, 모터 등을 생산하면서 18,000명 이상의 종업원을 고용하고 있다. 모회사 지멘스는 변압기, 기차, 발전분야, 의료진단 스캐너설비 등 사업을 하면서 2011년 전 세계 매출이 7% 성장에 그친 반면 지멘스인도는 매출이 28% 오른 약 1,194억 루피(23억$)와 세후이익 84.5억 루피(1.6억$)를 기록했다.

지멘스는 인도에서 에너지효율을 올리고, 산업 활동을 지원하는 서비스를 하면서, 스캐너 등 의료설비를 공급하고 지속가능한 도시발전의 해결책을 제공하는 사업을 하고 있다. 지멘스는 인도에서 지금까지 매출의 50%가 에너지관련, 40%가 산업부문, 10%를 의료부문에서 해왔으나 앞으로는 인프라와 도시개발에서의 비중을 늘여갈 계획이다. 따라서 기존의 에너지, 산업, 의료설비에 최근 인프라와 도시발전이라는 부서를 신설했다. 에너지부문은 전력생산, 송전 및 배분에서 설비와 함께 효율성과 생산성을 올리는 해결책을 제공하고 산업부문은 산업자동화를 통한 기술기반 부가가치서비스와 산업소프트웨어를 공급하고 있다. 의료부문에서는 CT와 MRI 스캐너부문에서 높은 성장을 보이면서 지멘스는 이미지영상, 진단부문에서 앞서가고 있다. 인프라와 도시부문은 도시간 운송, 물류, 전력의 효율적 분배, 공공안전 등 도시화로 일어나는 문제들의 해결에 초점을 맞추고 있다. 인도는 2014년 45개인 100만이 넘는 도시가 2030년까지 68개로 늘어갈 것으로 예상된다.

지멘스인도의 인프라와 도시개발부문에 속하는 지멘스운송시스템이 최근 뭄바이 교외철도 네트웍을 위한 전기장치를 공급하도록 선정되었고 지멘스의 장비를 단 기차는 전기소모를 약 35% 가량 줄이는데 성공했다. 또한 델리공항의 최근 확장된 터미널에 설치할 카고핸들링 시스템을 지멘스는 3천만$로 수주했다. 지멘스가 그동안 인도에서 크고 복잡한 프로젝트를 성공적으로 수행한 경험이 그와 같은 프로젝트를 수주하는데 커다란 역할을 하였다. 또한 2013년 9월에는 인도의 파워그리드전력회사(PGCIL)에 기존의 400kV와 765kV − 800kV 대신에 인도 마하라스트라주 아우랑가바드(Maharastra, Aurangabad) 인근 왈루즈(Waluj) 공장에서 세계에서 처음으로 생산한 1,200kV 회로차단기(circuit breaker)를 공급해서 많은 용량의 전기를 먼 곳으로 더 적은 라인을 통해 보내게 되었다. 지멘스인도가 수주한 또 다른 전력프로젝트는 독일본사와 같이 인도 아다니(Adani) 전력이 생산한 전기를 2,500MW 용량으로 500MVA를 통해 960km 떨어진 먼 곳까지 전력의 손실을 최소화 하면서 보내는 2.6억 $에 수주한 고전압 직접전송시스템이다.

•• 인도 타밀나두주 첸나이 외곽 두산중공업 보일러 공장

지멘스의 발전서비스부문은 산업 컴프레서뿐만 아니라, 전기 발전기(electrical generator), 개스 및 스팀터어빈, 풍력 터어빈을 생산한다. 지멘스인도는 2011년부터 재생에너지와 솔루션 서비스를 시작했고 그 일환으로 구자라트주의 바도다라(Vadodara)공장에서 2013년부터 풍력터어빈제품을 생

산할 예정인데 연간 250MW 규모로 시작해서 2015년까지 500MW로 확대할 예정이다. 지멘스는 작년 첸나이의 스리람(Sriram) 발전업체로부터 라자스탄 주에 건설하는 50MW 태양열 발전소에 필요한 열수집기(solar thermal receivers)를 공급하는 계약을 체결했고 또 다른 업체들로부터 마찬가지로 라자스탄 주에서 건설하는 태양광 발전소를 위한 4가지 유형의 스팀터빈을 공급하는 계약을 수주했다. 이 터빈은 급격히 변하는 태양광발전의 특성에 맞추어 유연하게 175MW까지의 전력을 생산할 수 있도록 설계되었다. 인도에서 활동하는 에너지, 전기부문의 지멘스경쟁자는 같은 유럽계 회사인 ABB, 알스톰, 일본의 도시바, 히타치 등이고 인도회사들은 BHEL, L&T, Crompton Greaves, Thermax 등이다.

한국의 기업들 중에서는 두산중공업이 인도 첸나이에서 현지공장을 인수하고 증설해 발전소 등에 쓰이는 보일러를 제작 공급하고 있다. 년간 3기 정도를 제작하는데 현지 부품 조달률은 90%가 넘고 있다. 인도는 완제품의 수입관세를 높게 하고 공기업의 경우 특히 조달공고에 납품의 일정부문은 인도 내에서 제품을 만들도록 계약에 명시해서 인도내에 공장을 세우도록 유도하고 있다. 변압기의 경우도 효성은 푸네에 공장을 짓고 있는데 앞으로 지멘스와 같은 여러 한국기업이 나오기를 기대해 본다.

5-2. IBM 인디아

IBM은 미국에서 1911년 설립되어 1세기가 넘게 활동하고 있고 현재 170여 개국에 진출해있는 세계적인 IT서비스 회사이다. 또한 2011년 매출 1,069억 달러, 종업원 43만여 명으로 IT서비스 부문 전 세계 1위를 기록하면서 인도에서 활동하고 있는 대표적인 다국적기업이다. IBM은 과거 전 세계를 주름잡는 컴퓨터 하드웨어 회사였으나 개인용 컴퓨터, 노트북 부문 등을 매각하고 현재는 IT서비스부문에 집중하고 있다. 그렇지만 과거에 확보된 하드웨어 기술력을 바탕으로 초대형 컴퓨터서버를 비롯해 여전히 하드웨어부문의 기술적 우위를 확보하고 있으면서 전 세계 IT서비스부문을 주도하고 있다.

IBM 인디아는 IBM이 100% 소유한 인도내 자회사이고 전세계 43만 여명의 종업원 중 인도 종업원이 14만 여명 일 정도로 가장 큰 종업원 집단을 구성하고 있다. 또한 인도의 TCS, 인포시스, 위프로 등 대규모 IT서비스 회사들은 인도내 IT서비스시장의 규모가 적고, 하드웨어의 비중이 40%에 달하는 등의 이유로 인도 내 시장보다는 해외시장에서 대부분의 매출을 올리고 있고 또한 다른 다국적 IT회사들도 인도시장에서 주로 인적 자원 활용(resource pool)을 하고 있는데 반해 IBM은 인도내수 IT서비스 시장에 적극 참여하고 있으면서 2011년 인도에서 매출을 2010년에 비해 13% 증가한 1,597억루피(약 32억 달러)를 거두었다.

•• IBM 등이 입주해있는 Gurgaon Cyber Park의 낮과 밤 모습

IBM 인디아는 IBM 본사의 전 세계를 상대로 하는 사업팀 (Global Delivery Team)의 인프라, 응용(application), 컨설팅, BPO(Business Process Processing)부문의 주된 역할을 담당하면서 매출액에서 수출과 내수가 거의 반반씩 차지하고 있다. IBM은 현재 인도를 포함하는 브릭스(Brics)국가들에서의 활동이 IBM 매출에서 차지하는 비중이 전체 22%에서 2015년까지 30%로 오를 것을 기대하고 있다. 거기에 따라서 인도내의 고용도 급격히 증가하여 2003년 고용인원 9천명에서 2011년 14만명으로 약 15배 증가 하였다.

IBM 인디아가 인도내에서 벌인 대표적인 사업은 2004년부터 당시 7억 5천만 달러(현재 금액으로는 약 20억 달러), 10년 계약으로 인도의 대표적 통신회사인 바르티 에어텔(Bharti Airtel)의 요금징수, 고객관리서비스, 내부 이메일, 회사내부 인트라넷 등 전체 IT 인프라를 구축한 일이다. 그 후 바르티 에어텔은 회사의 능력을 고객확보와 브랜드 창출에 집중할 수 있었고 현재 인도, 스리랑카, 아프리카 국가들 등 총 20여개 국가에서 활동하면서 2.61억 명 가입자, 연매출 145억 달러, 세계 3위의 이동통신회사로 도약하였다. 인도내에서 IBM의 고객층은 여러 산업에 걸쳐 있으면서 통신, 항공, 은행, 철도, 방송, 협동조합, 운송회사 등 다양하다. 그러면서 IBM 인디아는 2011년 전반기 인도 IT서비스 내수시장에서 점유율 11.9%를 차지해 타 업체들을 제치고 1위를 기록했다. 그 중에서도 인프라 서비스는 18.2%를 차지하고 위의 바르티 에어텔에서 처럼 한 전략적 외주(Strategic outsourcing)는 전체의 31%를 차지해 압도적 1위를 기록했다.

IBM 인디아는 전 세계 IBM사업에서 커다란 역할을 할뿐만 아니라 인도 내 매출을 증가시키기 위해 노력하고 있다. 인도경제의 변화에 따라서 앞으로 지속적으로 투자가 예측되는 금융, 공항, 항만, 의료, 미디어, 오락, 소매, 에너지 및 공공서비스, 도시화, 정부부문 등 우선순위 국가의제에 맞춰서 IBM의 능력을 집중하고 있다. 2011년 190억 달러 수준인 인도 IT서비스 내수시장은 앞으로 빠른 속도로 증가할 전망이다. 우선 인도경제가 빠르게 성장하고 있고 이에 따라 많은 인도 기업들도 국제적 수준으로 사업을 전개하고 있는데 이는 효율과 규모면에서 대규모로 IT 접목을 요구한다. 따라서 인도시장에서 IBM 인디아도 지금까지의 대도시중심에서 중소도시로 까지 접근을 확대시키고 있고 IBM이 갖고 있는 하드웨어의 비교우위, 소프트웨어 서비스와 그리고 회계 및 컨설팅국제회사인 PWC (PricewaterhouseCoopers)로부터 2003년 인수해 IBM 조직으로 접목시킨 컨설팅부문의 강점을 내세우고 있다.

인도의 고급 IT 관련 연구 인력을 활용코자 한국의 삼성전자, LG, 현대자동차, ㈜ 만도 가 대표적으로 인도에 연구소를 세워 활동하고 있다. 이들 기업들은 본사의 업무 지원뿐만 아니라, 제품의 인도현지화 연구에도 힘을 쏟고 있다. 앞으로 더 많은 한국의 IT 및 제조기반 기업들이 인도에 진출 하고, 또한 인도가 제조업, 금융업, 공공서비스, 정부부문 등 경제 각 분야에서 IT서비스의 도입을 확대시키고 있으므로 한국기업들도 국내에서 부가가치 상승 및 효율증가를 위해 IT를 접목시킨 경험을 활용해 수요가 증가하는 인도 IT 서비스 내수시장에 적극 진출하기를 기대해 본다.

5-3. 가전 다국적기업

인도의 세탁기, TV, 냉장고, 에어컨 등 가전시장은 규모가 2011년 연 100억$ 규모로 아직은 크지 않지만 앞으로 인도경제가 지속적으로 발전함에 따라 커질 수 있는 시장으로 가전 다국적기업들이 공들여 진출하고 있는 주요 시장이다. 한국의 가전업체 LG, 삼성은 90년대 초 인도경제자유화이후 과감하고 신속하게 현지에 공장을 세워 진출하고 마케팅전략개발, 인도소비자에 맞춘 제품 등 현지화 노력을 가하여 시장점유율을 지속적으로 높여 최근까지 인도 가정의 대표적 가

전브랜드로 자리 잡았다. 양사의 인도시장 점유율은 에어컨, 냉장고, 세탁기 등을 중심으로 50%가 넘는 등 그동안 인도 내에서 활동하는 다른 가전 기업들에 비해 거의 압도적이었다. 고드리지(Godrej), 비디오콘(Videocon) 등 인도 업체 및 몇몇 다국적기업들, 월풀과 일본의 소니, 도시바, 파나소닉, Sharp 등은 그동안 한국의 업체들에 눌려 별로 기세를 펴질 못했다.

최근까지 일본 업체들은 인도시장보다는 중국시장을 우선적으로 여겨 사업을 하여왔으나, 중국정부의 지원을 받는 현지 업체인 Haier, TCL, Gree Electric, Midea 등과 겨루어 중국시장에서 별다른 성공을 거두지 못했다. 또한 일본업체들은 인도에서 그동안 해외로부터 수입해온 상품을 시장에 내놓았는데 인도내에서 제품을 생산하는 LG, 삼성에 비해 가격이 높아 시장점유율을 늘리지 못하였다. 하지만 그들도 이제 인도시장의 성공 없이는 진정으로 세계 가전시장을 선도할 수 없다라는 위기감으로 최근 본격적으로 인도시장에 뛰어들고 있다. 그들이 내세우는 주된 전략은 세계시장에서 인정받은 품질우위를 선전하고 한국기업들과의 경쟁을 의식해 가격을 대폭 낮추어 인도시장에 본격적으로 진입을 시도하고 있다. 또한 과거 외국에서 수입해온 것에서 인도 내 생산전략으로 바꿔서 생산시설에 대한 투자를 늘리고 있다.

• • 뉴델리 Green Park 대로변 가전 간판들과 푸네 LG전자 공장 입구

Panansonic은 기존의 델리인근 노이다 산업단지내의 TV 공장 이외에 2011-13년 사이 약 3억$를 투자하여 역시 델리 인근 하리야나주의 자르잘(Jharjar)에 에어컨과 세탁기 공장 을 대규모로 짓고 있으며 남부 인도에도 공장을 세울 계획이

다. 또한 한국기업들이 그동안에 딜러쉽을 대규모로 늘인 것을 의식해서 현재의 약 6,000여 딜러를 2014년까지 10,000개로 늘릴 계획이다. LG는 현재 인도각지에 약 22,000개, 삼성은 약 17,800개의 딜러를 가지고 있다. Panasonic은 2018년까지 인도에서 제품 판매 1위를 목표로 한다고 발표했다. 일본과 인도가 양국의 교역상품 중 약 94%의 항목에 대해 관세를 폐지한다고 맺은 자유무역협정(FTA) 또한 일본회사들의 인도 진출을 재촉했다. 그 외 도시바는 TV, 다이킨(Daikin)은 에어컨공장을 인도에 최근 세웠으며 과거와 달리 최신제품을 인도시장에 내놓고 인도시장을 위한 특별한 제품을 소개하고 있다. 예를 들어 도시바는 전기가 자주 꺼지는 인도시장을 겨냥해 전기가 나가도 2시간 가량 켜지는 밧데리 내장 TV를 소개하고 있다.

최근까지의 인도시장 반응은 일본업체들의 가격 및 마케팅 공세에 인도소비자들이 먹혀들어가는 것으로 보인다. 이들 일본업체들의 한국기업을 상대로 한 공략은 일시적이거나 단편적이 아닌 장기적인 것으로 여겨진다. 한 조사에 따르면 컬러TV는 전체 가전시장의 거의 50%를 차지하는데 LG 및 삼성의 점유율이 일본업체들의 공세가 있기 전의 2008년 56%에서 2014년 초 37%까지 내려갔다고 한다. 앞으로 한국업체들의 과감하고 적극적인 대응책을 기대해 본다.

5-4. 현대중공업 건설장비부문(HCEI)

인도의 건설장비 시장은 빠르게 성장하는 인도경제의 영향을 받아 전망이 밝은 시장으로 평가 받아왔다. 인도건설장비 시장에서 한국업체 현대중공업계열의 현대-인도건설장비 회사(Hyundai Construction Equipment India Pvt. Ltd., HCEI)는 인도 서부의 주요 자동차, 전자 거점 산업도시인 푸네(Pune) 인근 차칸(Chakan)에 30억루피(약 6,000만 달러)를 투자하여 50 에이커의 부지에 연간 3,500대 생산규모로 굴삭기 공장을 지어 진출하고 있다. 고용인원은 약 700명이고 2011년 매출은 약 58백만 달러를 하였다. 그리고 지난 3년간 평균 17% 매출 증가를 이루었다. HCEI는 또한 인도 굴삭기 시장의 19.6% 시장점유율(전체 3위)을 기록했다.

•• 푸네 Chakan지역 현대HCEI의 굴삭기 공장내부

인도에서 시멘트 생산 1위, 연간 5천만톤 이상을 생산하고 있는 스위스회사 Holcim에 따르면 인도 건설장비 시장의 근간이 되는 건설 시장은 2010년 세계건설시장의 5%를 차지하면서 국가별로는 중국, 미국, 일본 다음의 4위 약 3,600억 달러를 차지했다. 그리고 2020년도까지는 일본을 추월하고 세계시장의 7%를 차지 할 것으로 예측하고 있다. 건설장비가 필요한 곳은 주택, 인프라, 상업용 건축 및 공장건설 등과 아울러 원광석 및 석탄 등 자원을 캐는데 사용되고 있다. 건설장비의 대표 격인 굴삭기는 성능대비 가격, 연료효율성, 내구성, 재판매가격 등 소비자측면에서 고려할 사항이 많이 있다. 현대는 인도 전역에 27개 대리점을 지정해서 판매를 하고 있다.

　　현대 HCEI는 굴삭능력 8톤에서 50톤에 이르는 제품을 생산하고 가격은 2백만 루피(약 4만 달러)에서 1.7천만 루피(30만 달러)사이이다. HCEI의 계획은 2011년 2,240여대를 판 것에서 2013년까지 판매를 4,000대로 끌어올리고 현재 40%인 부품현지화 비율을 4년 안에 80%까지 끌어올릴 계획이다. 또한 푸네(Pune)공장에서 만들어진 제품은 인근 국가 네팔과 스리랑카로 수출되고 있다. 주요 부품인 엔진은 인도 내에서 조달하고 트랙과 유압부문은 수입해서 녹다운방식으로 생산하고 있다. 현대는 단계적으로 부품 현지조달비율을 높여서 궁극적으로 완전 현지조달을 목표로 하고 이를 통해 가격경쟁력을 유지하려고 한다. 현재 인도굴삭기시장의 최대 기업은 인도 최대의 민간기업인 타타그룹의 회사인 Telcon인데 이는 Tata와 Hitachi와의 합작회사이다. 다음으로는 인도 최대의 건설회사인 L&T와 일본 Komatsu와의 합작인 L&T Komatsu가 있고, HCEI가 3위, 그 다음으로 로더(loader)를 주력으로 생산하는 영국계의 JCB가 있다. 2011년 인도의 굴삭기 총 판매는 약 15,000여대로 추정되고 2012년에는 12% ~ 15% 성장할 것으로 예측되어 진다.

현대 HCEI는 판매망 강화를 위해 딜러, 주요고객 및 금융관련자를 한국에 초청하는 행사를 매년하고 있다. 또한 HCEI는 모든 굴삭기에 컴퓨터를 장착하고 이용도를 높여 굴삭기 작동, 유지보수에 최적의 효율성을 발휘하도록 하면서 고객이 요구하는 생산성, 내구성, 간편한 유지 등 을 고려하고 신제품출시 및 기술개발을 지속하고 있다. 그리고 아직은 초보단계지만 점차 확대되는 굴삭기의 렌털 시장에도 대비하고 제품다양화를 위해 본사에서 생산하는 지게차를 수입해 인도시장에 판매할 계획이다. 그러면서 HCEI는 최근 인도동부 콜커타에 기반을 둔 UBI은행(United Bank of India)과 협약을 맺고 HCEI 고객이 굴삭기를 살 경우에 인도의 개인 및 중소사업가를 위한 신용보증기금을 이용하여 1천만 루피(약 20만 달러)까지 무담보로 대출을 받을 수 있도록 했다.

이 협약을 통해 HCEI는 석탄매장량이 풍부한 인도 동부에서 UBI의 네트웍 지원을 굴삭기 판매에 활용할 수 있게 된다.

5-5. 시티(Citi bank)인디아

시티인디아(Citi India)가 인도에서 활동한지 110년이 넘었다. 1902년 인도에 들어온 이후 영국으로부터 독립 이전 한때는 인도의 은 수출과 수입을 주로 중계했다. 그리고 1960년대 말 이후 시티인디아의 활동이 두드러지게 증가했는데 이는 미국의 인도에 대한 투자증가와 교역증가에 기인한다. 1970년대 인도가 미국으로부터 구입한 점보제트기의 구입도 시티인디아를 통해서 이루어졌다. 그리고 80년대부터는 해외거주 인도인(non resident Indian)의 예금취급, 신용카드 도입으로 그 이전의 주로 도매 기업 금융에서 벗어나 소매 소비자금융 사업을 함께하는 모습을 보여주었다. 시티인디아는 2010년 인도 각 지역에 42개 지점을 두고 자산 11,158.6억 루피(환율, 52.4루피/ 1달러)로 외국계은행 1위이다. 97개 지점을 두고 자산이 10,668.3억 루피인 스탠다드 차터드(Standard Chartered) 은행은 2위로 시티인디아에 근접하고 있다. 인도는 공공부문은행이 민간은행을 규모와 활동면에서 압도하고 있는데 최대 공공부문은행 State Bank of India의 자산규모는 2010년 시티인디아의 10배가 넘는 122,373.6억 루피이고 최대민간은행인 ICICI Bank의 자산은 40,623.4억 루피로 시티인디아의 약 4배이다.

•• Gurgaon 쇼핑몰내 Citi 광고와 신한은행 델리지점

시티인디아는 인도은행업계에서 ATM, 신용카드를 처음
으로 도입하고 90년대 경제자유화이후 소비자를 대상으로
하는 소매사업에서 무담보 신용대출을 확대하였다. 그러면
서 인도 금융계에서 선도 역할을 하던 시티인디아에게도 위
기가 찾아왔다. 2000년대 중반이후 인도경제가 침체하고 소
비가 격감함에 따라 기존대출이 회수가 되질 않고,(non-
performing assets) 미국 모회사 또한 금융위기의 직격탄을
맞고 미국 정부의 구제 금융에 의존하게 되었다. 그에 따라
2009년 218.3억 루피에 달했던 시티인디아의 순이익은 2010
년 86.3억 루피로 줄어들고 이에 따라 회수 되지 않은 대출
의 비율은 총 대출의 4.5%까지 증가했다. 시티인디아에서 이
와 같은 회수되지 않은 대출은 주로 시티인디아가 별도로 세
운 비은행 금융회사인 시티파이낸셜로부터 나왔고 이 시티파
이낸셜은 한 때 인도 전역에 450개 지점에서 1,100억 루피의
대출을 행했다. 금융 위기 후 현재는 구조조정을 통해 27개
의 지점, 270억 루피 규모로 대출을 줄였다. 이에 따라 시티
인디아의 회수되지 않은 대출규모도 2011년 총 대출의 2.3%
로 줄어들었다.

시티인디아가 대출관련 소비자 소매사업에서 곤경에 처했
을 때 시티인디아를 뒷받침 해준 사업은 기업대상 도매사업
이었다. 시티인디아의 도매사업은 크게 현금관리와 증권사

업, 자문서비스, 투자뱅킹의 3 부문이다. 현금관리와 증권사업에서 시티인디아는 인도에 대한 전체 외국인투자금액의 약 1/3 과 국내 뮤우철펀드 금액의 약 1/4을 시티인디아의 계좌를 통해 중개한다. 그리고 거래 기업들에게 24시간 이동전화를 통해 거래를 하도록 하는 모바일서비스를 제공하고 있다. 자문서비스에서 시티인디아는 2005년부터 2011년 까지 약 7년 동안 기업들이 자본시장에서 약 380건의 채권과 주식 발행을 통해 약 1,000억 달러 이상의 금액을 조달하는 것을 도왔고, 기업의 인수합병에서도 지난 4년간 모건스탠리, JP Morgan 등 경쟁자문사들과 겨루어 5위안의 실적을 거두었다. 2013년 들어도 13건의 120억 달러 금액을 자문했는데 이는 모건스탠리의 15건 123.6억 달러에 이은 2위이다. 시티인디아는 또한 전 세계 포트폴리오 투자매니저들에게 인도정부 채권 및 주식을 거래토록 하고 또한 인도투자가들의 해외투자를 중개한다.

2010년 미국본사 시티는 시티인디아에 114.2억 루피를 투입하고 시티인디아의 재정비에 나섰다. 따라서 시티인디아도 그동안 침체해있던 소비자금융을 활성화시키기 위해 적극적으로 나서고 있다. 그러면서 비금융회사(non-financial banking company)인 시티파인내셜을 구조조정을 통해 규모를 줄이면서 그동안 약화된 소비자들의 신뢰를 되찾기 위해 부단히 애쓰고 있다. 또한 타 은행과 비교해 규모는 적지만 강한은행을 만들기 위해 은행업무의 디지털화에 대한 투자를 늘리고 개인 신용평가를 비롯 대출관련 인프라를 강화하고 있는데 이는 인도 금융계 전체와 신용정보기관(Credit Information Bureau India Limited, CIBIL) 설립 등 보조를 같이하고 있다. 또 과거 외부에 두었던 신용카드모집인 제도를 없애고 이를 대신해 내부판매팀을 꾸렸다. ATM 설치를 늘이고 시티단말기를 설치한 상점에서 시티신용카드사용을 늘이기 위해 할인, 현금보상, 마일리지 보상제도를 도입하고 있다.

한국과 인도의 금융협력은 인도 측의 역사가 더 오래되었다. 1977년 서울에 세워진 Indian Overseas Bank가 지금까지 한국 - 인도간 거래를 중개하고 있다. 그리고 한국에서도 국내기업의 인도투자 진출을 지원하기 위해 1996년 신한은행의 뭄바이 지점설립 이후 우리은행, 국민은행 등이 인도에 지점 및 연락사무소를 설치 운영하고 있다. 또한 투자금융회사인 미래에셋이 인도 자본시장 공략을 위해 뭄바이에 지점을 설치 활발히 영업하고 있다. 제조업투자에 못지않은 중요한 위치를 차지하는 금융부문에서도 양국이 교류를 활발하게 이어가면 좋겠다.

5-6. 펩시인디아(Pepsi India)의 인도시장 전략: 음료와 식품, 두 분야 모두

전 세계 펩시(Pepsi)의 최고경영자인, 여성이면서 인도 첸나이 출신인 인드라 누이(Indra Nooyi)는 인도 시장의 장기 전망을 밝게 보면서 펩시가 인도에 진출한 1989년부터 2014년까지 투자한 25억 달러에 추가해 2020년까지 55억 달러를 더 투자할 것이라고 발표했다. 펩시인디아는 인도 내 경쟁사인 Britannia, Parle, Haldiram, 그리고 다국적기업인 Danone, Coca-Cola, Unilever, Kellogg's 등이 식품과 음료 중 어느 한 분야에서 사업을 하는데 반해, 두 분야 모두에서 사업을 하는 거의 유일한 회사이다. 펩시가 인도에 들어온 첫해인 1989년에는 100% 탄산음료만으로 사업을 시작했으나 26년이 지난 지금은 매출액에서 탄산음료 비중은 40%로 줄고, 대신 식품이 40%, 그리고 나머지는 과일주스, 먹는 물, 차(tea)음료 등 비탄산음료가 20% 이다. 펩시는 전 세계와 마찬가지로 인도에서 탄산음료 이외에 식품, 건강음료수 그리고 식품과 음료를 혼합한 제품에 미래를 걸고 있다. 펩시와 코카콜라 모두 인도에서 100% 외국인 투자회사로, 경제 잡지 Business India는 2014년 음료부분에서는 두 회사 모두 비슷한 규모이고,(약 12억 달러) 식품을 포함한 펩시의 연 매출액은 약 20억 달러로 추정한다.

•• 야외 식당에서 음식과 음료수를 먹는 고객과 식품 및 생활용품을 파는 마켓

전 세계적인 탄산음료 줄이기 열풍은 아직은 인도에 덜 영향을 끼치는 것으로 보인다. 펩시를 포함한 청량음료회사들은 인도의 음료 시장이 아직 성장단계이고 앞으로도 성장

할 여지가 많다는데 의견을 같이 하고 있다. 포장된 음료는 2014년 현재 전체 인도 음료시장의 2%로 낮고 또한 개인당 청량음료 소비도 인도와 소득수준이 비슷한 인근 국가인 파키스탄, 스리랑카에 비해서도 낮은 수준이다. 2014년 인도에서 탄산음료와 비탄산음료를 포함해서 전체 포장된 음료 시장은 약 45억 달러로 가치기준으로 전년대비 약 8% 성장했다. 특히 그동안 도시에 비해 뒤쳐져 있던 농촌에서의 음료 시장은 유통채널의 확대로 같은 기간 전년 대비 약 24%나 성장했다. 따라서 펩시는 아직 청량음료가 들어가지 않은 지역에 배급망을 확대하고 쿨러 등을 설치, 또한 농촌지역의 소비자를 위한 특별하고, 강력한 마케팅 노력을 펩시 IPL(Indian Premier League) 등을 통해 하고 있다. 펩시 IPL은 인도에서 인기 스포츠경기인 크리켓을 2007년부터 인도 내 8개 팀이 토너먼트 형식으로 진행해 우승팀을 가리는데 펩시는 주관사로 IPL을 후원하고 있다. 콜라 소비는 줄어가지만 그 자리를 같은 탄산음료인 소다수가 주로 채워가고 있다. 2014년 인도 탄산음료시장에서 소다수인 Sprite, Mountain Dew, 7up과 과일향이 첨가된 Mirinda, Fanta, Limca가 콜라상표인 Thumps up, Pepsi, Coke를 차츰 밀어내고 있다. 이중 Pepsi, 7up, Mirinda, Mountain Dew가 펩시회사 브랜드이고, Sprite, Thumps up, Coke, Fanta, Limca는 코카콜라 회사 브랜드이다 또한 인도의 전체 포장음료 시장에서 건강음료인 과일주스, 쉐이크 등의 비중이 도시, 농촌을 비롯 인도 전역에서 증가하면서 일부는 탄산음료시장을 대체하고 있다. 펩시는 건강음료 부문에 망고주스인 슬라이스(Slice), 오렌지 주스인 트로피카나(Tropicana)를 출시하고 있다. 트로피카나는 오렌지주스와 별도로 최근 코코넛 혼합을 출시했다. 또한 펩시는 귀리(oats)로 만든 건강식을 전 세계에 알려진 퀘이커(Quaker) 브랜드로 인도에서 출시하고 있다. 탄산음료시장에서 펩시의 주된 경쟁자는 코카콜라뿐이지만 건강음료 및 식품분야에서는 경쟁사들이 인도에서 수없이 많다. 포장식품의 규모 만해도 2014년 약 15,300억 루피(약 255억 달러) 이고 앞으로 3년간 년 평균 약 9.5%로 성장할 것으로 예측된다. 그 중 스낵시장은 1,200억 루피(약 20억 달러) 규모이면서 최근 년 평균 13~14%씩 성장하고 있다. 펩시는 스낵시장에 Lays, Kulkure 브랜드를 출시하고 있다. 인도 같은 저소득 국가는 소득의 약 35~40%를 식품과 음료에 쓰면서, 포장식품과 음료의 소비도 따라서 증가한다는 것은 펩시를 더욱 고무케 하고 있다. 현재 인도에서 절반이 넘는 약 54%의 소비자들이 식품과 음료수를 함께 구매하고, 대리점의 약 70%가 식품과 음료를 같이 진열한다는 것도 펩시가 식품과 음료 두 사업으로부터 시너지효과를 염두에 두고 있다.

펩시의 인도에서 사업 목표는 인도경제와 함께 꾸준한 성장을 하면서 청량음료를 비롯해, 최대의 식품과 건강 음료회사로 성장하는 것이다. 펩시는 인도에서 직접 고용 6,000명, 간접고용 약 20만명 그리고 거의 24,000명의 농부들과 사업관계를 맺고 있다. 인도는 다른 나라들에 비해 마케팅, 유통 등 인프라 면에서 뒤쳐져 있어서 이를 보완하는데 펩시는 많은 공을 들이고 있다. 펩시는 건강과 웰빙을 사업의 기치로 삼으면서 또한 먹는물 Aquafina를 출시하고, 인도에서 우유 드링크, 떠먹는 요구르트 등 유제품에 많은 관심을 갖고 준비하고 있다. 인도에서 최고의 식품으로 인식되고, 또한 인도인들이 거의 하루도 빠지지 않고 소비하는 요구르트 시장에서 현재 약 10%만이 제품화 되어 있는 것은 펩시에게 유제품 시장에서 앞으로 많은 사업기회를 줄 것으로 기대한다. 한국기업의 인도 식품 및 음료시장의 본격 진출은 2004년 롯데제과가 인도남부 첸나이 지역의 제과기업 인수를 계기로 쵸코파이, 과자류, 사탕류를 인도시장에 출시하고, 이 후 롯데제과는 2014년 인도북부 하리야나주 Rohtak에 제2공장을 지으면서 생산량증대 및 제품다변화를 꾀하고 있다. 인도의 식품과 음료시장에 더 많은 한국기업의 투자와 시장진출을 기대해 본다

5-7. 인도 내 독일기업의 투자 중심지, 푸네(Pune)

푸네는 인도 뭄바이 남동쪽 내륙에 위치한 인구 약 500만 명의 산업도시이다. 푸네는 항구대도시 뭄바이에서 그리 멀리 떨어지지 않으면서 기계, 전자, 자동차, 모터사이클 등 내구소비재 산업이 위치하고 외국인투자 중에서도 특히 독일자본이 많이 투자된 곳이다. 푸네와 인근지역에 인도가 독립된 이후인 1950년대부터 지금까지 약 300여 독일기업이 금액으로는 약 30억 달러 이상을 투자하였다. 푸네의 독일 투자기업 효시는 1957년 당시 뭄바이가 속한 마하라쉬트라주의 주된 산업인 제당업 공장에 기계를 판매한 버카우(Buckau) 기업이 현지 기업과 합작해 푸네에 공장을 세운 것이 시발점이 되었다. 이 버카우 기업은 그 후 독일의 대표적인 엘리베이터 등의 기계 기업으로 유명한 티센크루프(ThyssenKrupp Industries)로 합병되어 현재도 인도에서 활동하고 있다. 당시 버카우 기업은 푸네가 운송, 주거, 임금 등 여러 면에서 저렴했기 때문에 공장을 세웠고 그 후 지역주민들을 훈련시켜 종업원으로 고용하고 좋은 관계를 쌓아 지금까지 별다른 노동분쟁 없이 잘 지내고 있다 한다.

독일의 대표기업 Mercedes- Benz가 푸네에 위치한 계기

는 인도의 대표적 자동차회사 Tata Motors와의 협력관계
였다. Benz사는 푸네에 위치한 Tata Motors의 1950년대
설립초기부터 협력관계를 유지했고 곧이어 합작회사 Tata
Mercedes Benz가 푸네의 Tata 자동차공장 부지에 세워졌
다. 그 후 1998년 Benz사가 단독으로 인도에서 공장을 세
울 때 타밀나두, 구자라트 주에서 투자유치 경쟁이 있었으나
Benz사는 그동안 푸네에서 평화롭고 안정적으로 회사를 운
영한 경험으로 현지에 그대로 남기로 결정했다. Benz사는 푸
네 사람들이 새로운 지식을 빠르게 흡수하고 개방적이면서
인근 100여개의 고등교육 기관에서 배출된 우수한 화이트칼
라와 블루칼라 기술자에 만족했기 때문이라고 했다.

•• 메르세데스 벤츠 푸네 공장표식

Benz사에 이에 또 다른 독일차 회사인 폭스바겐(Volks
-wagen)도 푸네에 2008년 독일계 기업의 인도투자로서는

최대인 6억 유로를 투자해 공장을 세웠고 현재까지 투자액은 8억 유로로 증가했다. 폭스바겐투자 때는 푸네가 속한 마하라쉬트라, 펀잡, 타밀나두 주 등이 유치에 열을 올렸으나 폭스바겐 또한 교육수준, 인접항구 및 물류 등 운송 인프라, 협력업체, 숙련근로자, 주정부 인센티브 등 입지여건을 고려하여 역시 푸네를 택했다. 폭스바겐은 최근까지 약 30만대의 완성차를 생산하고 일부를 수출하였다. 생산능력은 2부제로할 때 연간 11만대, 3부제로는 15만대이다. 폭스바겐은 인도에 투자한 다른 외국계 회사들과 협력업체면에서 차이를 보이는데 다른 회사들이 보통 자국의 협력업체들과 같이 인도에 동반 진출하는데 비해서 현지 협력회사를 발굴하고 육성하는 점이다. 현재까지 폭스바겐의 120여 협력업체중에서 약 70%가 인도 현지회사들이다. 이들 협력업체들은 폭스바겐의 다른 해외공장에까지 제품을 수출하고 있다. 폭스바겐은 또한 현지의 기술교육기관과 협력하여 현지인에게 기술교육을 하면서 폭스바겐 딜러쉽을 통해 실습의 기회를 제공하고 채용에 이르게 하고 있다.

푸네는 독일기업을 포함 외국인기업의 인도 내 시장운용면에서 뛰어난 위치에 있다. 푸네에 이끌려 공장을 세운 대표적인 한국기업으로는 LG전자, 현대중공업 건설장비 공장, 포스코 철 가공공장, 자동차 부품업체 성우하이텍 등이 있다.

푸네는 물류면에서 특히 뛰어난데 인도의 최대 컨테이너 항구인 뭄바이의 자와할랄 네루 포트와 약 130km 떨어져 있고 도로 연결도 우수해 부품 및 원자재와 제품 수출입면에서 유리하다. 그러면서 항만과 철도, 도로 등을 통해 인도 내륙과 연결되는 우수한 물류입지를 갖는다. 또한 인도 상업수도인 뭄바이와 인접함은 관세통관, 정부 및 은행과의 일처리에 이점을 제공한다. 푸네에 거주하는 독일인에게 뭄바이로 가는 번거로움 없이 직접 독일과 주 5회 루프트한자로 연결해 주는 항공편의 이점도 있다. 푸네에는 독일인 커뮤니티가 있고 학교, 대학, 쇼핑, 문화와 오락센터가 잘 갖춰져 독일 기업인들과 가족이 거주하기에 편리하다. 또한 푸네는 문화적으로도 독일과 가까운데 독일인들로부터 많은 사랑을 받는 요가 스승 BKS Iyengar과 그의 도장(아쉬람)도 있다.

현재 푸네와 인근지역에 입주한 독일 기업을 업종별로 살펴보면 자동차, 자동차부품, 산업기계 등의 기계와 전자기술 분야가 압도적으로 많은 72%, 서비스 산업이 15%, 그리고 나머지는 재생에너지, 화학, 의료분야이다. 푸네에 위치한 대표적 독일계 서비스회사로는 TUV SUD가 있는데 이 회사는 여러 산업부문에서 검증, 훈련, 확인 서비스를 제공하고 특히 자동차, 기계 산업에서 강점을 갖고 인도에서 유럽에 수출하는 자동차의 검증을 하면서 벤츠, 폭스바겐, 포드, GM 등의 회사를 고객으로 두고 있다. 또한 인력자문회사 Steinbach도 푸네에서 많은 독일회사를 대상으로 최적의 인력을 찾아주는 일을 하고 있다. 그 외 푸네에 기반을 둔 다른 독일 기업은 크레인 업계의 Demag, 또 다른 자동차 회사 MAN, 자동차 조향(Steering)장치회사 ZF Industrial Technology, 자동차, 석유화학, 재생에너지에 쓰이는 케이블을 생산하는 Leoni 그룹, 판금과 몰딩회사 Fischer-Brodbeck(FIBRO), 자동화시스템 회사 Pilz Gmbh & Co KG, 운전설비 제작회사 Nord Drivesystems, 밸브와 압력 및 온도조절장치 제조회사 Samson Controls, 세계적인 세제, 화장품 등 생활용품과 접착제 제조회사인 Henkel 등이 있다. 수도꼭지, 샤워기, 세면대 등의 위생 및 생활용품 제조회사인 Hansegrobe, Isenberg도 뭄바이, 델리 등 대도시에 비해 비용이 훨씬 저렴하게 들면서 날씨, 문화, 교육, 교통, 사무실 공간, 부지 등에서 대도시 못지않은 인프라를 제공하는 푸네를 택해 사업하고 있다.

Part 6

소프트웨어기업, 소프트웨어-BPO사업
방향전환, TCS 성공과 미래전략,
제약회사들, 제약업계 M&A,
선(Sun) 제약과 란박시(Ranbaxy)
제약 인수합병

6-1. 소프트웨어회사: 타타TCS 와 인포시스(Infosys)

1990년도 이후 인도경제자유화에 따른 서비스, 자본 및 제품시장의 규제완화는 인도소프트웨어산업에서 국제적으로 알려진 여러 회사들이 나오게 했다. 이들은 타타TCS, 인포시스(Infosys), 위프로(Wipro), 사트얌(Satyam) 등인데 이들 회사들의 몇몇은 그룹회사의 일원이고 몇몇은 소프트웨어분야 한 분야에서 성장하였다. 타타 TCS는 다변화한 타타그룹이 모회사로서 인도에서 가장 큰 IT-서비스회사이면서 오래된 회사이다. 반면 인포시스는 1981년 IT기술진 7인이 창립한 전문 IT-서비스 회사이다.

•• 뱅갈로르 Infosys 캠퍼스 입구

　인도경제에서 소프트웨어산업의 발전은 경이적이다. 1990
년대 동안 년 평균 40% 이상 성장하고 2002년 수출을 약 77
억$을 하였는데 이는 당시 인도전체 수출 733억$의 10%가
넘는 수치였다. 그 후 계속 발전하여 2010년 소프트웨어산업
은 1,010억$규모로 GDP의 7.5%를 차지하고 전체 수출의 약
26%(690억$)를 담당하였으며 약 277만 명의 직접고용을 달
성하였다. 인도소프트웨어 회사들은 미국회사들처럼 크진 않
으나 반면 수익률은 인도회사들이 보통 더 높다. 90년대 초
반 바디쉬핑(Body Shipping)이라는 비아냥 아닌 비아냥으로
시작해서 명성과 신뢰를 쌓아 수출증가를 이루었다. 2000년
도 미국 Fortune 500개 회사들 중에서 약 185개회사가 인도

와 거래를 할 정도로 미국시장에 널리 침투했다.

인도에서 소프트웨어산업이 자리 잡게 된 이유로 흔히 꼽는 낮은 인건비, 일상에서의 영어 사용, 기업가 전통은 이를 가진 다른 나라에서 볼 수 있듯이 소프트웨어산업 성공의 충분조건은 아니다. 인도에서 소프트웨어사업을 처음 시작한 타타그룹의 TCS는 일찍이 1968년 타타그룹 기업들의 컴퓨터 사용을 지원하기 위하여 생겨났다. 당시 TCS는 컴퓨터 하드웨어가 필요했는데 인도의 엄격한 수입통제 때문에 하드웨어수입을 위해 당시 미국의 컴퓨터하드웨어업체 버로우(Burroughs)사의 인도내 판매대행 역할을 하고 대신 버로우사는 TCS를 위한 소프트웨어작업의 미국 내 고객을 확보하도록 했는데 첫 고객은 디트로이트 경찰청이었다. TCS는 인도로 하드웨어를 수입하는 외환을 해외소프트웨어 작업을 통해 벌어들였다. TCS는 그러면서 1970, 80년대 미국의 여러 은행들의 전산 소프트웨어 작업을 하면서 추후 인도소프트웨어회사들이 해외시장에서 호평을 받게 하는 터전을 닦아 놓았다

TCS는 창립당시 인도에서 새로운 IT기업이 등장하도록 하는 기술 및 인력 등 제반 여건이 부족할 때 기존 타타기업의 자본과 기술, 전문경영인의 도움을 받은 반면 또 다른 회사인

인포시스는 나라밖에 있는 외부기관을 활용해서 성장하였다. 인포시스의 대표 창립자이면서 최근까지 인포시스를 이끈 N. 무르티는 당시 인포시스의 어려움을 제3세계에서 선진국 회사를 거래하는 것을 꼽았다. 인포시스의 어려움은 제품시장에서 하드웨어의 부족, 자본시장에서 투자금의 부족, 노동시장에서 외국에 근로자를 보내는 비자 제약 등 이었다. 반면 인도의 1991년 경제자유화는 인포시스가 직면한 제품, 자본, 노동시장의 제약을 완화해 주었다. 소프트웨어산업에서 회사들의 성공은 사업기회를 발굴하는 능력에 의존한다. 인포시스는 국내제도의 결핍을 해외제도를 이용함으로써 사업을 일구었다. 인포시스의 미국 다스닥 등록은 인포시스가 다른 해외블루칩회사들에게 다가가는데 장애가 되는 인포시스가 어떠한 회사라는 정보문제를 해소하기 위해 시도됐다. 또한 인포시스가 해외 고객의 신뢰를 얻고, 외국거주 인도인 기술자, 유학생을 포함한 해외인재를 끌어들이기 위한 스톡옵션을 내거는 방안으로 시도되었다.

현재 TCS, 인포시스, 위프로 등 여러 인도소프트웨어 회사들은 인도주식시장뿐만 해외시장에 등록되어 정보문제를 해소하고 있고 또한 이를 통해 기업윤리가 인도의 다른 산업의 기업들과 비교해 앞선 것으로 보인다. 이는 인도소프트웨어산업의 세계화가 다른 분야보다 앞서 있어서 보다 나은 기업

윤리를 유도하는 것으로 여겨진다. 그리고 인도소프트웨어회사들은 다른 업종에 비해 고위직에 외국인을 더 많이 고용하고, 유명 다국적 회계회사들이 회계감사를 담당하는 경우가 많다. 해외 많은 나라에 진출하고 있고 우리나라에도 TCS, Wipro가 진출하여 외국계회사들의 IT 유지 보수를 담당한지 오래됐고 또한 인포시스도 한국진출을 모색하고 있다.

6-2. IT소프트웨어-BPO사업 방향 전환

인도 IT-BPO(Business Process Outsourcing)산업은 인도로 봐서는 드물게 수출주도형 산업이면서 매년 막대한 외화를 벌어들이고 인도의 만성적인 무역수지적자를 보전해주는 효자산업이다. 인도 IT-BPO산업은 매출이 2000년 82억 달러에서 2011년 881억 달러로 약 11배 증가했다. 고용부문에서는 직접고용이 230여 만명, 간접고용이 800여 만명에 이를 정도로 인도가 가진 풍부한 고급인력의 장점을 살리면서 인도경제를 이끌어 가는 대표적인 두뇌집약산업이다. 인도소프트웨어를 대표하는 기업인 TCS(Tata Consultancy Service)는 2012년 우리나라를 포함 43개국에서 IT사업을 수행하고 있으며 2011년 매출 101.7억 달러를 거두었고 2013년 세계 IT-BPO회사들 중에서 IBM, Accenture 등과 함

께하는 전 세계 10위내의 회사에 진입 할 것으로 예상되고
있다.

• • 뱅갈로르 IT Business Park와 입주기업 안내표지판

하지만 2013년 들어서 세계적인 경기불황에서 비롯된 낮
은 매출성장률 예측에 인도 IT-BPO 업계도 그 영향으로부
터 벗어나지 못하고 있다. 인도의 소프트웨어업체 협회인
Nassocom은 2012년 성장률이 전년 16%에서 11%이하로 떨
어질 것으로 예측했다. 인도 IT업계를 대표하는 또 다른 기업
인포시스(Infosys) CEO는 2012년 매출이 5%상승에 그칠 것
으로 예상하면서 그 이유로 세계경기 위축으로 회사들의 줄
어든 IT관련 지출을 들고 특히 회사 매출의 35%가량을 차지

하는 은행, 금융서비스 및 보험부문에서의 매출감소를 우려
하고 있다. 그 외로 Nassocom은 최근에 와서 인도와 아웃
소싱부문에서 경쟁하고 있는 동유럽, 라틴아메리카, 필리핀
의 부상을 들고 있다. 또한 지역적으로 인도 IT-BPO 매출의
70%가량을 차지하는 미국에서의 느린 경기회복을 우려하고
있다.

인도 IT-BPO업계는 그동안 많은 업체가 생겨나고 또한 세
계IT시장에서 경쟁력 확보를 위해 기술력 및 규모를 갖추도
록 노력해왔다. 인도IT-BPO 산업은 2013년 매출비중이 각
산업분야 서비스 컨설팅이 50%, BPO분야가 최대 20%, 하드
웨어 12~14% 그리고 소프트제품 및 엔지니어링이 나머지인
15~16%를 차지하는 구조로 되어있으면서 기업들은 전문분
야에서 경쟁력을 유지하기 위해 연구개발과 인수합병의 방법
을 통해 규모를 키워왔다. 최근 발표된 KPMG 자료에 의하면
'00년~'05년 152건 이었던 인도 IT- BPO기업 인수합병이
'06 ~'11년 654건으로 늘어갔다. 미국 IT-BPO회사 iGate사
는 인도 뭄바이에 기반을 둔 IT업체 Patni사를 2011년 12.2
억 달러로 인수 합병했고, 인도회사인 BPO 사업이 주력인
Genpact사는 IT서비스가 주력인 같은 인도의 Headstrong사
를 5.5억 달러로 인수했다.
그동안 인도 IT-BPO회사들이 해온 규모의 경제추구와 전

문 핵심능력배양의 전략은 지속하되 현재 전 세계 경제 및 IT 시장상황을 고려하여 앞으로 어느 정도 전략의 전환을 전문가들은 예상한다. 우선 인도 IT산업모델이 지금까지 해외고객으로부터 주문을 받아 인도에서 개발하는 off-shore모델이었던 반면 앞으로는 개발센터와 고객이 더 밀접하게 상호소통하는 쪽(중심-외곽모델)으로 바뀌어 질 것으로 예측하면서 고객을 쫓아 외국에서 사업을 하는 업체들이 늘어날 것으로 보인다. Cognizant Technology Solutions(CTS)사는 첸나이에서 사업을 하다가 97년 고객에 근접하고자 미국 뉴저지로 본사를 옮기고 2011년 64.6억 달러 매출을 거두면서 미국에서 가장 빠르게 성장하는 IT회사 중의 하나에 들고 나스닥 및 S&P 지수에도 포함되고 있다.

또한 인도는 IT서비스내 컨설팅의 비중에서 점차로 기술력을 바탕으로 하는 소프트웨어 제품개발 쪽으로 비중을 높여 갈 것으로 보여 진다. 인도의 소프트웨어 제품시장은 2012년 20억 달러 수준인데 2015년 까지 120억 달러에 이를 것으로 예상된다. 더불어 인도 온라인 시장규모도 전 세계 평균 6.6%보다 훨씬 높은 매년 18%씩 성장하고 2015년까지 150억 달러에 이를 것으로 예측되어 인도내 소프트웨어 제품시장의 전망을 밝게 하고 있다. 이에 따라 TCS는 인도내 중소기업을 대상으로 하는 클라우드 컴퓨팅시스템 제품 iON을 출시하고 앞으로 5년에 걸쳐 10억 달러 매출을 가져올 것으로 기대하고 있다. 또한 인도 IT-BPO 대기업들의 선진국 집중의 문제, 예를 들어 인포시스 회사는 매출이 북미와 유럽에 각각 64%와 22%로 집중되어 있는데 지나치게 선진국에 집중된 시장을 신흥국 및 아시아 등으로 다각화할 필요성을 느끼고 있다.

6-3. IT서비스 기업 TCS의 성공과 미래전략

TCS(Tata Consultancy Services)는 1969년 인도인 대부분에게 아직 컴퓨터가 알려지지 않은 시기에 타타그룹 회사들의 전산화를 통한 생산성 향상을 목적으로 세워진 IT 서비스 회사이다. 1969년 10명의 종업원으로 출범해, 주로 해외기업의 컴퓨터 자료정리를 해주면서 외화를 벌어들이기 시작한 TCS는 1990년대 초, 인도경제자유화 그리고 전 세계에 몰아친 IT 및 통신서비스 발달에 힘입어 1996년 매출 1억불을 돌파한 후 2000년 1.4만 명의 종업원 고용, 2004년 뭄바이 주식시장에 상장하고 또한 중국, 한국, 동구유럽, 라틴아메리카를 포함해 42개국에 진출, 142곳의 사무소를 개설하면서 사업을 확대하고, 2009년 14만 명의 종업원, 60억 달러 매출을 달성하였다. 그 후 만 4년이 지난 2013년 말 TCS는 종업원이 거의 30만 명에 이르러 인도 최대 민간 고용기업이 되었고, 매출액 115.7억 달러, 순익 25.6억 달러를 달성하면서 투자자들로부터 인도 민간 및 공기업을 통틀어 주식가치 약 680억 달러의 평가를 받는 최고의 기업이 되었다. 이와 같은 TCS의 2013년 매출실적은 2012년에 비해 29% 상승하였고, 순이익 또한 34% 향상된 수치이다. 2004년 TCS 주식이 상장되기 전에는 TCS가 벌어들이는 수익을 타타그룹은 외국기업을 사는 등 그룹의 구조조정 목적으로 사용하였다. 당시 Tata 그룹이 산 외국 회사들 중에는 영국의 세계 2위 茶회사 Tetley 그리고 우리나라의 대우상용차도 포함 한다.

•• TCS 등이 입주해있는 뱅갈로르 Whitefield에 위치한 국제Tech Park 입구

TCS는 그동안 세계적인 IT서비스 업체로 성장하였다. 종업원 30만 명의 국적은 우리나라를 포함 118개 국가나 된다. 680억 달러의 주식가치는 2013년 말 미국 IBM의 2,020억 달러 다음의 큰 규모이다. 2년 전 만하더라도 Accenture, HP 등이 TCS에 앞섰으나 2012년 말에는 TCS가 2위이고 이 회사들은 3, 4위로 쳐졌다. 인도로 봐서도 최근 몇 년간 세계 IT지출이 정체이거나 감소하면서 몇몇 인도 경쟁 IT업체들의 매출이 감소하는 상황 하에서 TCS는 매출을 늘렸을 뿐만 아니라 순이익이 크게 늘어난 점은 TCS가 자체적으로 튼튼한 회사이면서 인도 IT서비스 산업을 이끌어가는 잠재력을 보여주고 있다는 평가를 받고 있다. 이와 같은 TCS의 기업실적은 2009년부터 CEO & MD로서 회사를 이끌어가는 2013년 50세의 소프트웨어 기술자 출신 N. Chandrasekaran(약칭, Chandra)이 주도 하고 있다. TCS는 Tata 그룹회사이지만 출범부터 지금까지 배출한 3명의 CEO 전문경영인에게 간섭 없이 자율적으로 경영하도록 하고 있다.

TCS를 바라보는 외부 시각은 CEO Chandra의 경영능력을 높게 평가하면서 TCS가 외부로부터 맡아하는 프로젝트 수행, 고객 발굴, 서비스 능력, 폭넓은 지역으로의 진출 등을 성공요인으로 꼽고 있다. Chandra 자신은 TCS의 기존 조직을 개편하면서 고객중심, 민첩하게 일처리를 하면서 사업결정을 내릴 수 있는 조직, 종업원들이 능력발휘를 하도록 기회를 주는 조직을 염두에 두었다라고 한다. 그러면서 Chandra는 TCS를 23개의 산업별 수직계열로 세분하고 각 계열이 약 5,000명의 인원을 갖으면서 자체의 CEO, 자금수장, HR수장을 두고 책임경영을 하도록 한다. 그렇지만 인프라, BPO 분야와 같은 수평계열도 두고 조직 간에 유연성과 시너지를 이루도록 하고 있다. 또한 TCS가 좋은 실적을 거둘 수 있었던 이유 중의 하나로 종업원들의 회사에 대한 결속력을 드는데 한 예로 TCS의 이직률은 다른 경쟁회사들이 년 간 14~15%를 보일 때 11.9%로서 낮았다. Chandra는 종업원들의 건강한 생활습관을 불러일으키는 목적의 fit4you라는 자체개발 앱을 사용하게 하고 그가 지사 곳곳을 방문하면서 종업원들과 함께 달리는 프로그램 등을 통해 유대감을 돈독히 하고 있다. 또한 회사 자체 Knome 이라는 소셜네트워크를 개설하여 직원들 간의 소통과 유대감을 진작시키고 있다. 이 Knome은 직원들 간의 토론, 아이디어 공유의 장이 되면서 생산성 향상의 효과도 나타나고 있다.

TCS는 2013년 매출 115.7억 달러 중에서 절반 이상인 58.5억 달러를 인건비로 지출할 정도로 사람의 비중이 크면서 사람을 다루는 회사이다. 따라서 TCS는 직원관리가 절대적으로 중요한데 Chandra는 직원들 사이에 공과 사를 엄격

히 구분하면서 정직하고 실천력 있는 것의 모범을 보이려고
노력한다. 또한 그 자신 겸손이 몸에 배어 있다고 주위에서
평가를 받고 있으며, 대외적으로 TCS를 대표하는 세일즈맨
으로서 끊임없이 고객과의 접촉을 통해서 고객이 TCS에 대
해 무엇을 생각하고 미래를 어떻게 보는지, TCS가 그들의 전
략적 이슈와 우선순위, 목적을 이해하고, 좀 더 가치 있는 동
반자가 되기 위해서는 어떻게 해야 하는지를 듣고 있다. 그러
면서 TCS는 연구개발을 통해 이동성, 클라우드, 분석, 빅데
이터 등의 디지털 시대와 앞으로 중소기업, 교육 분야에 사업
기회가 많아질 것에 미리 대비하고 있다.

6-4. 제약회사들: Ranbaxy, Dr. Reddies

인도 제약시장은 인도가 1947년 영국으로부터 독립이후에
도 상당기간동안 외국기업에 의해 지배되었다. 제품은 완제
품이나 벌크로 수입되어 인도에서 간단한 가공을 거쳐 판매
되었다. 이에 인도정부는 1970년 과정특허권 정책을 도입했
는데 이는 제품에 대해서는 특허권을 인정하지 않고 제품을
만드는 과정만을 특허로 인정한 절반의 특허정책이었다. 따
라서 인도제약회사들은 이 정책으로 인해 특허된 외국약을
제약과정을 달리해 인도 내에서 합법적으로 재생산해 판매할

수 있었고 성분을 분석하고 복제하는 제약기술을 발달시킬
수 있었다.

•• 델리거리의 약국(구글 자료)

인도 내에서 1979년 약품가격통제법이 제정되어 정부가 국
내시장에서 제약회사의 이익기회를 제한하자 인도내의 제약
시장은 특히 외국기업에게 매력 없는 시장으로 변화했다. 대
신 인도제약회사들이 공백을 매우면서 한편으로는 해외시장
으로 눈을 돌리는 계기가 되었다. 그러면서 인도제약회사들
은 의약품 규제가 상대적으로 적은 아프리캬, 러시아 등 나라
들에 우선적으로 진출하고 또한 미국 등 서방국가에서 의료
비가 천정부지로 치솟고 국민들로부터 약제품의 비용을 억제
하라는 압력을 받게 되자 이들 국가들은 지금까지 복제국가
라고 비난했던 인도, 중국, 이태리 등에 복제 약의 공급을 허

가하게 되었다. 선진국을 중심으로 의약제품의 특허기간을 줄이면서 복제 약시장이 활성화 되자 인도제약업계는 특허만료된 의약제품에 대해, 그들의 장점인 저렴한 비용으로 새로운 제조법을 개발하여 복제 약을 제조하면서 국내 및 해외시장으로 진출하게 되었다. 2013년 미국에서 팔리는 약의 40%가 복제약이고 일본 또한 2006년 법을 개정해서 복제 약을 허가했다. 하지만 이들 복제약도 제조과정특허를 준수해야하고 미국식품의약국인 FDA 등 규제기관에서 제조과정을 정기적으로 검사 받는다.

인도는 뒤늦게 2005년 특허법개정으로 과정특허와 함께 1995년 이후의 등록된 제품에 대한 제품특허도 인정하였다. 인도제약시장 규모는 2011년 약 210억$로 크질 않으나(양적으로는 세계 3위, 명목규모 세계 14위) 인도의 약값이 선진국에 비해 훨씬 저렴한 것을 고려하면 결코 적은 시장이 아니다. 대표적인 예로 미국에서 파이자 회사의 고지혈제인 리피토가 특허 만료 전에 하루 약값이 4$ 할 때 인도에서는 같은 성분의 약값이 9~11루비(약 0.2$)수준 이었다. 지난 10년간 수백가지 약이 특허만료 후 복제약이 되었고 인도는 빠르게 성장하는 복제약 시장의 주된 공급 자로 태어났다. 현재 인도제약업계는 복제약 제조와 제약성분 제조, 해외개발제품의 임상연구에 강점을 보이고 있다. 인도의 인종적 다양성은 임상연구의 커다란 유인을 제공한다. 또한 인도제약업계는 계약 제품제조 및 계약연구에 초점을 맞추고 있다. 그리고 몇몇 제약회사들은 새로운 의약성분제조에 뛰어들어 연구개발에 투자를 아끼지 않고 있다.

대표적 인도제약회사 란박시, 닥터레디스 등은 인도제약 시장의 기회를 활용하면서 해외로 진출하여 성장하였다. 이들 회사들이 복제약을 위해서 개발한 제약 방법도 나중에 해외시장에서 특허를 받았다. 란박시는 인도를 대표하는 제약회사로 성장한 후(2011년 매출 13.3억$) 2008년 인도제약업계의 성장 가능성을 높게 본 일본의 다이치 산쿄 회사에 매각되었다. 다이치 산쿄는 2010년 매출 98억$로 전 세계 17위의 제약회사이다. 닥터레디스(2011년, 11.8억$ 매출) 또한 복제약, 의약품원료 제조로 커왔으며 최근에는 바이오제약에까지 진출하고 인도제약회사로는 처음으로 나스닥에 상장해서 국제회사로 이름을 떨치고 있다. 한국 제약회사들은 인도로부터 제약원료를 주로 수입해 제품을 생산하고 있다. 양국이 최근 연구개발을 염두에 두고 신약, 특히 바이오신약에 초점을 맞추고 있는데, 협업을 통해 많은 연구결과를 공유하고, 기술협력을 강화해야 한다고 본다.

6-5. 인도 제약업계의 M&A

인도 제약산업은 2011년 국내시장규모가 약 120억$, 수출시장이 100억$ 등 총 220억$ 시장규모이고 양적으로는 세계 3위, 금액 면에서는 세계 14위이면서 현재 연평균 15%가량 성장하고 국내기업이 시장의 70%, 다국적 회사가 30%정도를 차지하고 있다. 인도 제약산업은 인도가 세계적인 기술력을 자랑하는 소프트웨어산업과 함께 연구개발을 위주로 하면서 교육 받은 풍부하고 우수한 인재, 빠른 경제성장 및 대규모 시장, 해외시장개척을 통한 성장 등을 바탕으로 한다. 그러면서 제약 산업은 특성상 신기술 개발을 위해 선진국과의 특허권을 포함한 기술교류 및 외국인투자가 절실히 요구되는 산업이기도 하다.

독립이후 인도제약회사들은 많은 변신을 하였다. 1950년대, 60년대 다국적기업이 인도제약시장을 거의 독점하다시피 한 것에서 1970년대 초 인도특허법이 개정되고 제품특허를 준수하지 않아도 됨에 따라 인도제약기업들은 국내시장에서 복제약을 만들면서 저렴하게 많은 약을 공급하였다. 또한 규제가 약한 아프리카 등 후진국, 러시아 등 동구권에 진출하면서 규모를 키웠다. 2000년 들어서도 선진국들이 약값지출에 부담을 느끼고 복제약(generics)사용을 허용하면서 인도

제약업계는 미국, 영국 등 서구 선진국에도 진출하였다. 특히 선진국에서는 브랜드 열세를 만회하고자 인도제약기업들은 선진국기업을 인수하거나 연구개발 회사를 세우는 등의 시도를 하고 있다.

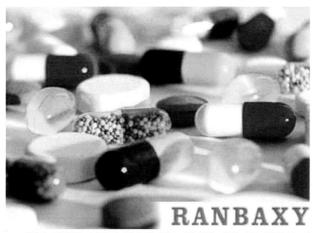

· ·일본 다이치-산쿄가 인수한 인도 최대의 제약기업 란박시 제품들(구글 사진자료)

그동안 인도국내시장에서 설자리를 잃고 철수하였던 많은 외국계 제약회사들이 인도가 1995년 WTO 가입에 따라 특허법을 개정하여 제품특허를 20년 동안 보호해줌으로써 다시 인도시장에 들어오고 있다. 다국적 제약회사들은 인도 제약시장을 높은 경제성장에 따른 거대 소비시장, 선진국에 비해 훨씬 낮은 생산비용, 신약개발에 따른 낮은 연구개발비 및 임상실험비용 등의 장점들을 높게 사고 있다. 그러면서 외국계

회사들은 인도 내에 자체회사를 설립하는 것 이외에도 기존 인도제약기업들의 인수에 적극적이다.

　다국적기업들은 처음에는 인도의 대규모제약회사 위주로 인수에 참여했으나 차츰 범위를 중소기업으로 넓혀가고 있다. 외국계 제약회사의 인도 대규모제약기업의 인수로는 미국의 대표적 복제약회사인 밀란사(Mylan Labs)가 2006년 7.36억 달러로 하이드라바드(Hydrabad)에 기반을 둔 Matrix 제약회사를 인수한 것을 필두로 2008년에는 인도의 최대제약회사인 델리에 기반을 둔 Ranbaxy 사를 일본의 다이치 산쿄 회사가 46억 달러에 인수하였다. 또한 2010년에는 미국의 Abbott사는 뭄바이에 기반을 둔 Piramal Healthcare사를 37.20억 달러에 인수하였다.

　최근에는 인도 제약기업의 인수에 외국계 제약회사뿐만아니라 같은 인도기업, 인도의 민간지분투자(PE투자, 사모펀드) 그리고 기관투자(qualified institutional placement, QIP)까지 다양하게 참여하고 있다. 또한 대기업 위주에서 1억$ 전후부터 몇 백만$에 이르는 중소기업 인수에까지 확대되고 있다. 2009년 프랑스 다국적 제약회사 Sanofi-Aventis가 하이드라바드에 기반을 둔 백신제조회사 Shanta Biotech를 7.83억$에 인수하고 나서 2011년에는 브랜드 영양제회사인 뭄바이에 기반을 둔 Universal Medicare를 연간 매출 약 11억 루피(2,200만$)를 고려하여 매출의 4배가량인 45억 루피(약 9,000만$)에 인수하였다. Universal Medicare 가 생산하는 것은 산화방지제, 비타민, 미네랄보충제 등 영양 제뿐만아니라 관절염약, 골밀약, 간장약 등 40여개의 브랜드 약이다. 또한 이 회사의 강점은 대부분의 약들이 인도정부가 정한 약값제한규정(Drug Price Control Order)에 적용되지 않는다는 것이다.

인도의 커다란 민간자본투자회사중의 하나인 Chrys-Capital도 아메다바드(Ahmedabad)에 기반을 둔 제약회사 인 이리스 생명과학(Eris Lifesciences)을 2013년 획득하였 다. 이리스 생명과학은 2011년도에 20억 루피(약 4,000만$) 의 매출을 올렸다. 이리스생명과학은 심장병, 당뇨, 소화제, 골밀도강화제 등의 70여개 브랜드 약을 판매하고 계약약품 제조도 한다. 이리스가 설립된 지 4년 정도밖에 안된 신생회 사임에도 불구하고 빠른 성장을 거둔 것을 고려할 때 이리스 의 인수금액은 공개되지 않았지만 관계자들은 매출액의 4 ~ 5배인 80억 ~100억 루피(약 1.6억 ~2억$)로 추정한다. 이 처럼 최근 인도제약회사 인수대상은 몇 년 전의 수십억, 수억 달러의 큰 제약회사에서 최근에는 년 간 매출액이 10억 ~20 억 루피(인수금액 1억 달러 전, 후)인 중간규모 및 그 이하 회사로까지 확대 되고 있는 추세이다. 앞으로 한국제약업체도 지사 설치를 필두로, 인수 합병에 이르는 인도 진출을 기대해 본다.

6-6. 인도제약업계의 최대 인수합병: 선제약(Sun Pharmaceuticals) & 란박시(Ranbaxy Labs.)

인도제약업계는 인도 IT-소프트웨어 업계와 함께 인도를 대표하는 업종으로 세계시장에서 많은 주목을 받고 있다. 2000년도 들어 인도가 복제약 생산과 임상실험, 약성분생산의 최적지로 떠오르면서 많은 다국적기업의 인도투자가 이루어지고 또한 많은 인도기업이 생겨나게 되었다. 2014년 인도 주식시장에서 시장가치가 55억 루피(약 1억 달러)가 넘는 기업만 45개에 이를 정도로 많은 제약기업들이 활발히 활동하고 있다. 이들 인도기업들은 국내시장과 함께 대부분 세계시장을 염두에 두고 사업을 벌이고 있다.

2014년 들어 인도제약업계가 그동안 관심을 갖고 지켜보고 있던 제약업계의 커다란 인수합병이 일어났다. 2000년대 들어 지속적으로 수출과 매출증가를 통해 기업 가치를 키워와

2011년 이후 주식시장가치 1위를 유지하고 있는 선제약(Sun Phrmaceuticals)이 독립이후 인도를 대표하는 제약회사로서 오랫동안 판매 1위를 유지하다 2008년 일본의 다이이치 산교(Dai-Ichi Sankyo)제약에 인수된 란박시 제약(Ranbaxy)을 인수하기로 결정 한 것이다. 양측은 주식교환을 통해서 합병할 것으로 발표했는데 이는 장기적으로 란박시가 선제약으로 통합되는 것을 의미한다. 주식교환비율은 5주의 란박시 주식에 대해 4주의 선주식 교환으로 결정되었다. 란박시의 최대주주 다이이치는 현재 란박시의 63% 주식, 약 4.23억 주식을 보유하고 있기 때문에 선주식으로 옮겨갈 경우 3.4억 주식으로 교환되어 선주식의 약 9~10%를 보유하게 될 것이다. 그 외 선제약은 란박시의 부채 8억 달러를 인수해서 결국 선제약은 란박시의 인수로 지불금액은 총 40억 달러에 달할 전망이다.

선제약은 주식총액이 2011년 5,400억 루피에서 그동안 인도경제상황이 어려웠음에도 불구하고 2013년 말 12,500억 루피(약 200억 달러)로 2배 넘게 성장했다. 선제약의 주식 총액은 2014년 들어 주식가치 2위에서 4위의 같은 제약기업(Lupin, Dr. Reddies, Cipla)의 합한 금액보다 더 많다. 란박시는 현재 5위에 랭크되어 있다. 선제약의 2013년도 매출액은 약 1,140억(이익 298억) 루피(약 20억 달러)에 달한다.

선제약이 인도에서 가장 가치가 있는 제약회사가 되기에는 한 해 혹은 한 가지 일 때문이 아니라 여러 해 동안 지속적으로 성과를 내서 이루어낸 결과이다. 선제약은 미국제약시장에서 제약특허가 만료된 후 그 약을 다시 독창적인 방식으로 같은 성분의 약을 처음 만들어내는 회사에게 미국 제약규제기관(FDA)이 6개월 동안 배타적으로 제품을 팔수 있는 권리(first to fil, FTF)를 주는 방식을 그동안 많이 활용했다.

·· Gurgaon에 있는 선제약(Sun Pharma.) 본사 간판

선제약은 연구개발을 주로 하는 별도회사(Sun Pharma Advanced Research Chemical Ltd.)를 세워서 이를 뒷받침하고 있다. 선제약은 2013년 말까지 미국식품의약국(FDA)에 468가지의 새로운 약 처방 방식을 신청했고 이중에서 368가지를 승인받았다. 선제약은 종합제약회사로서 벌크약이라

고 불리는 제약성분(Active Pharmaceutical Ingredients, API)도 함께 제조한다. 선제약의 그동안 성장은 정상적인 매출과 비정상적인 인수합병의 두 과정 모두를 거쳤는데 인수합병은 이스라엘의 제약회사 Taro 와 미국회사 Caraco Pharmaceutical 인수가 대표적이다. 선제약의 지역별 판매 비중은 2013년 미국 54%, 인도 26%, 기타 나라 20% 이다. 선제약의 판매약품 구성은 심리약, 신경약, 심장약, 골격약, 위장 과 간장약 등 진료처방약에 집중되어 있다.

2008년 6월 란박시를 인수한 다이이치제약의 원래 의도는 란박시를 국제 복제약시장의 첨병으로 키우려고 했으나 란박시가 미국 FDA의 제약과정 실사기준을 충족시키지 못해 계획이 틀어지기 시작했고 다이이치는 서서히 란박시로부터 출구를 그동안 찾고 있던 것 같다. 란박시는 미국 FDA로부터 미국 내에 약을 팔기위해서 제조과정조사를 통과해야 하는데 인도 내 4곳의 공장이 재검사 대상이라는 Consent degree 를 받으면서 그동안 회사가 침체해 있었다. 공장 4곳이 Consent degree를 받았다는 것은 란박시의 제조과정의 문제가 상당히 광범위한 것을 의미한다. FDA는 consent degree 를 받은 회사가 이 문제를 교정하는데 5년이란 기간을 주는데 그 동안에 이것에서 벗어나기 위해서는 제3자의 인정을 받아야 공장을 재가동하도록 허락한다. 또한 FDA는 어떤 경우에는 consent degree와 함께 벌금을 부과하는데 란박시는 5억 달러 벌금지불에 동의했다. 결국 consent degree를 벗어나기 위해서 란박시는 제3자 검사비용, 교정을 위한 투자, 그동안의 기회비용 등의 엄청난 비용을 부담해야 하게 되었다. 란박시의 consent degree 문제는 주로 벌크약성분 제조공장과 관련되어 있다.

선제약이 란박시와 합병하면 매출이 현재의 20억 달러에서 약 42억 달러로 증가할 것이다. 이것은 복제약 회사로서 세계에서 5번째 규모가 될 것이다. 선제약은 란박시의 제조능력을 높이 평가하고 만약 consent degree 문제만 해결된다면 선제약과 시너지를 이룰 것으로 보고 있다. 란박시와 선제약의 제품사이에는 중복되는 것이 거의 없다. 선제약은 그동안 FTF조항을 통해 미국시장에서 특별한 위상을 확보하는 전략과 진료처방약에 강점을 보이는 등의 틈새전략을 통해 성장해왔다. 그렇지만 선제약은 일반치료약과 농촌, 중소도시 등의 일반인을 판매 대상으로 하는 약에 대해서는 다른 회사에 비해 뒤쳐져 있었다. 반면 란박시는 오랜 동안 사업을 하면서 치료약, 약국에서 파는 약, 그리고 농촌, 중소 도시 등의 일반인을 대상으로 하는 약 등의 다양한 제품군을 가지고 있다. 그런 면에서 양 회사의 인수합병은 성공가능성이 높아 보이면서 앞으로 선제약의 경영전략에 많은 관심이 간다. 또한 한국의 경우 제약 산업을 신성장 동력산업으로 보면서 복제약 및 신약개발 등 연구개발을 강조함에 비추어 앞으로 인도 제약분야에 많은 관심을 갖고 협력을 모색해야 한다고 느낀다.

Part 7

개별기업 고드리지(godrej) 가전,
풍력, 크레인, 페인트, 부동산업

7-1. 고드리지 가전(Godrej Appliance)

인도의 백색가전시장은 시장은 크지 않으나 (2011년 연간 약 100억 $) 커가는 인도경제의 비중 및 소비층 인구를 고려하여 세계 가전업계들이 공들여 진출하고 있는 시장이다. LG, Samsung, Whirpool 등 다국적 업체들이 경제자유화이후 가격경쟁력 및 우수한 품질로 인도시장에 어필해 2015년 현재 인도기업들에 비해 높은 시장점유율(LG와 삼성이 1위, 2위로서 시장점유율 50%이상)을 유지하고 있다. 반면 인도 업체 고드리지 가전은 100년이 넘는 역사를 갖고 가전, 산전, 건설, 가구, 비누 등 생활용품, 쵸코릿 등 다양한 분야에서 년 30억$의 매출을 올리고 있는 인도 중견그룹 고드리지의 일원

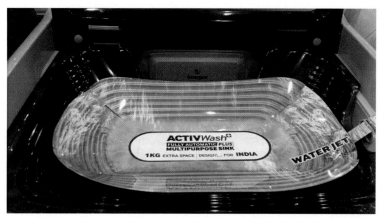

•• 손빨래에 익숙한 인도소비자를 위해 개발한 삼성세탁기

이다. 고드리지 가전은 인도에서 처음으로 1958년 냉장고를 생산했고 1960, 70년대 계획경제시대 냉장고 한 품목에서 당시 캘비내이터(Kelvinator), 얼윈(Allwyn), 볼타스(Voltas) 등 다른 인도업체들과 공급이 부족한 상황에서 경쟁 없이 높은 고객충성도를 바탕으로 시장점유율을 유지하였다. 하지만 지금은 고드리지를 제외한 당시 냉장고를 생산하던 다른 인도 업체들은 없어지고, 경제자유화 이후 생겨난 비디오콘(Videocon)과 고드리지 두 업체만 남았다.

고드리지도 1990년대 초 30%이상의 냉장고 점유율에서 1998년 13%로 줄면서 90년대 경제자유화이후 밀려오는 다국적기업에 맞서기 위해 1993년 미국의 GE와 합작하였으나 뜻대로 되지 않자 1999년 합작을 중단하였다. 그 후 홀로서

기를 위하여 연구개발팀을 보강하고 기술개발과 획득을 위하여 다른 협력회사 등 외부기관과의 관계를 강화시켰다. 고드리지는 이미 기존소비자들 사이의 그동안 쌓아놓은 신뢰 와 함께 높아가는 소비자의 제품품질에 대한 기대를 충족시키기 위해 현재 100여명의 엔지니어와 디자이너의 특별 팀을 구성해서 기술개발과 디자인 향상에 매출의 2~3%를 쏟고 있다. 그러면서 초기 냉장고만의 생산에서 품목을 다변화하여 1996년 세탁기, 1997년 에어컨, 2005년 오븐을 제품생산에 추가하였다. 기술개발과 함께 또한 고드리지는 떠오르는 브랜드 지향의 젊은 층 소비자를 대상으로 하는 프리미엄 브랜드 "Godrej Econ"를 소개하였다. Econ 브랜드는 고드리지 제품의 젊음과 고급화를 상징하며 성공적으로 정착해 현재 전체 매출의 약 28%를 담당하고 있다.

또한 세일즈와 마케팅을 강화하면서 이미지전환을 위해 브랜드 대사로서 인기영화배우와 계약을 맺고, 2010년 미스 유니버스와 같은 이벤트와 인기영화에 협찬하면서 광고로 매출의 5~6%를 사용하고 있다. 협력사들과의 관계도 과거의 수직적관계가 아니라 수평적인 관계로 전환하고 인도 전역에 약 2,000명의 고드리지 딜러와 19,000곳의 소매망을 유지하고 있다. 이와 같은 다방면에 걸친 노력으로 고드리지 가전은 예전의 명성을 되찾으며 2014년 냉장고시장의 18%를 점유하고 있다. 이는 2006년도의 매출 60억 루피에서 2008년 140억 루피, 2009년 160억 루피, 2010년 가전제품 215만대를 판매하고 200억 루피(약 4.5억$)의 매출증가로 이어지고 있다.

지난 5년간의 고드리지의 매출증가는 가전산업전체의 연간 증가율 22%를 넘는 29%를 기록하였다. 또한 고드리지는 생산비용을 줄이기 위해 공장을 대도시인 뭄바이 인근 비크롤리(Vikhroli)에서 푸네 인근의 시르왈(Shirwal)과 북인도 하리냐나주의 찬디갈 인근 모할리(Mohali)로 옮겼다. 현재 냉장고는 100% 자체생산을 하고 세탁기는 60%, 에어컨과 오븐은 주로 중국과 다른 나라에 위탁생산해 조달하고 있는 것을 새로운 공장에서 생산하기 위해 시설을 확충 중이다. 앞으로도 고드리지 가전은 고드리지 그룹의 적극 지원 하에서 인도 가전제품 시장을 인도기업이 지켜낸다라는 각오로 임하고 있다

7-2. 풍력기업

인도는 급속한 경제발전에 전력공급이 따라주질 못해 에너지 수급에 문제가 있고 이를 해결하고자 여러 방법으로 애

를 쓰고 있다. 과거에는 전력공급을 공기업만이 할 수 있었으나 현재 인도정부는 민간에게도 개방하여 민간이 자금을 조달하여 전력을 생산 공급을 시작하고 나서는 전력수급이 많이 개선되고 있다. 인도의 민간 기업들은 전력공급을 위해 주로 석탄 및 천연가스 등 화석에너지 발전에 주로 투자하고 있으나 한편에서는 재생에너지 건설에도 적극 나서고 있다. 인도의 2010년 전체 전력생산능력은 165GW(165,000MW)이면서 대부분 화력발전이지만 풍력이 13GW(7.8%) 태양광은 0.2GW(0.1%)로서 이 부문이 전체의 약 8%를 차지하고 있다.

•• 인도 풍력터빈 제조업체 RRB Energy의 첸나이 공장

인도정부도 지구온난화의 주범으로 꼽히고 있는 화석발전소 건설보다는 무공해 재생에너지인 태양광, 풍력 등의 발전을 통해 2020년까지 전체 발전량의 15%(65GW)를 달성한다

는 계획을 세워놓고 있다. 인도의 풍력발전 잠재력은 현재 총 발전용량의 3배에 육박하는 450GW로 평가되고 인도중부의 데칸고원과 구자라트 및 라자스탄 주가 유망하다고 여겨지고 있다. 반면 인도의 타르사막지역은 전체면적의 1/10에서 태양광발전으로 현재발전의 10배가 넘는 약 1,750GW의 발전 잠재력이 있는 것으로 평가받고 있다. 이중에서도 풍력발전에서 인도기업들이 지속적으로 투자에 나서면서 앞으로의 목표달성을 밝게 하고 있다. 인도는 연간 풍력발전 설치용량이 2,500MW 이상으로 이미 풍력시장에서 전 세계에서 7위의 시장이 되고 있다. 지난 5년간 인도발전설비 확대 총 49GW 중에서 풍력이 9GW를 차지해 석탄다음의 18%를 차지하였다.

인도 풍력기업 중에는 수즐론(Suzlon)에너지라는 세계 5위의 업체가 활동하고 있다. 이 기업은 창립자가 원래 1990년대 초반 섬유업을 하고 있던 중 전력이 자주 나가는 것에 곤경에 처하고 이를 타개하고자 풍력발전기를 설치하고 전력을 자체생산을 하였다. 이로부터 사업가능성을 발견하고 후에 섬유업을 정리하고 1995년부터 풍력발전설비사업에 전념하여 선진기술 특히 풍력발전의 선진국인 벨기에와 독일의 터빈제조업체를 인수하면서 기술을 습득하고 사업을 키워 현재 인도 뿐 만아니라 아시아, 호주, 아프리카, 북미, 남미 등 세계각지에서 풍력발전기를 설치하고 있다. 이 기업은 2010년 인도 풍력발전설비 설치 2,351MW 중에서 955MW를 설치해 1위(40.62%)를 차지했고, 2위는 독일의 Enercon Gmbh사가 504MW, 3위는 스페인 Gamesa Technologies 228MW, 4위는 덴마크의 Vestas Wind System 215MW 등이다. 그 외에도 인도 중소업체들이 유럽 등 풍력선진국 업체들과의 기술협력을 통해 진출하고 있다.

인도는 1MW당 풍력생산의 생산비가 중국을 제외하고는 세계에서 가장 낮으면서 유럽보다 약 60%이상 저렴한 것으로 알려져 있다. 그리고 1MW 설치시 평균 20명의 고용이 창출되어 2020년까지 65GW 설치를 통해서 100만명 이상의 고용 창출을 목표로 하고 있다. 또한 1MW당 년간 1,600톤의 탄소 배출을 줄인다. 최근 인도의 화력발전소건설 및 개보수에 두산중공업, 한국전력, 효성 등의 진출과 함께 앞으로 지속적으로 확대가 예상되는 인도의 풍력, 태양광등 재생에너지 발전 설비 시장에도 여러 한국기업들의 진출을 기대해 본다.

7-3. 크레인 기업들

인도는 1990년대 초 경제자유화이후 경제활동에 대한 정부

억압이 풀리면서 투자활동이 큰 폭으로 증가하고 있다. 인도 경제의 투자는 1990년대 년 평균 GDP 25%대에서 그동안 꾸준히 증가해 2010년 35.1%에 달했다. 활발한 투자활동과 함께 물건을 끌어올리고 이동하는데 필수적인 크레인에 대한 수요도 큰 폭으로 증가하고 있다. 크레인 수요는 주로 인프라건설, 채굴 및 산업 활동의 증가에서 창출되면서 제철 및 자동차산업도 크레인의 주요 수요처가 되고 있다. 따라서 인도 국내 크레인회사들 뿐만 아니라 세계적인 크레인회사들도 인도 내에서 사업 확대를 위해 뛰어들고 있다.

인도의 산업용 크레인 시장은 매년 약 5억$ 규모이고 다양한 용도와 크기의 크레인 수요가 연간 약 1만개로 추정되고 있다. 크레인 중에서도 천정크레인, 이동식 및 고정식크레인, 트럭장착 크레인, 끌어올려서 이동하는 크롤러(crawler) 크레인이 많이 쓰이고 있다. 이와 아울러 부두에서 컨테이너를 배에 싣고 내리는데 쓰이는 겐트리 크레인의 수요도 인도의 대외교역확대와 함께 증가하고 있다. 인도는 전년도에 비해 대외교역에서 별로 변화가 없던 2009년도와 달리 2010년 수출은 전년대비 40.5% 증가한 약 2,500억$, 수입은 28.25%가 증가한 3,800억$ 로 약 1,300억$ 가량의 커다란 무역적자를 기록했다. 따라서 급격히 증가하는 대외교역 또한 크레인에 대한 수요를 증가시키고 있다.

• • 인도 뭄바이 컨테이너 항구의 겐트리 크레인(구글 자료)

　인도의 자국 내 크레인회사들은 전 품목을 생산하기 보다
는 보통 특별한 유형의 크레인 생산에 특화하고 있다. 뭄바
이에 근거를 두고 있는 골드윈 트래콘(Goldwin Tracon)사는
전기로 작동하는 천정크레인에 특화하고 있으며 중량 및 높
이에 따른 가격이 1만$에서 100만$까지 하는 제품을 생산한
다. 또 다른 업체인 ACE(Action Construction Equipment)
는 안드라프라데쉬 주의 수도 하이드라바드(Hydrabad)에 근
거를 두면서 지게차 및 롤러(Rollers) 등 건설장비 생산과 함
께 트럭장착 이동식크레인에 특화하고 있다. 인도에서 크레
인업계의 선두주자는 ElectroMech사인데 이 회사는 뿌네에

근거를 두고 영국계의 세계적인 크레인회사인 Abus Crane System과 합자하고 2011년 인도 내에서 685대의 크레인을 판매했다. 또 다른 대표적 크레인업체는 뭄바이와 뿌네, 두 곳에 공장이 있는 WMI사 이다. 이 회사는 지금까지 인도에서 가장 많은 4천 여 대의 크레인을 판매했으며 최근 세계적인 크레인 업체인 핀란드의 Konecranes사에 인수되었다.

인도에서 활동하는 일본의 Kobelco Crane사는 Crawler 크레인에 특화한 회사인데 최근 Tamil Nadu주에 첫 해외 공장을 세웠다. 2015년까지 매출 약 1억$, 인도시장점유율 20%를 목표로 하고, 인도 시장뿐만아니라 인근 남아시아국가의 수요충족을 위해 인도공장으로부터의 생산품을 수출할 계획이다. 또 다른 해외회사인 독일의 Demag Cranes AG는 산업크레인, 크레인부품, 항구크레인 및 터미널 자동화 기술에 우위를 보이는데 인도의 크레인수요를 높게 평가하고 뭄바이인근에 공장을 짓기 시작했다. 또한 미국계의 Terex회사는 위의 Demag Cranes AG 사의 인수와 별도로 최근 항구확장시설을 많이 하고 있는 구자라트주의 항만 운영사들을 접촉하면서 컨테이너운송관련 크레인수요에 대처하고 있다. Terex사는 2011년 인도에서 약 6,500만$ 가량의 크레인 및 관련 장비의 매출을 기록했다. 분야는 다르지만 인도에서 포크레인, 지게차 등 건설기계 제조에 진출한 현대중공업, 두산중공업의 활약과 아울러 크레인 등 여타 중기계부문에서 한국기업들의 선전을 기대해 본다.

7-4. 페인트 기업들

인도 주된 산업의 경제활동에 비해 그동안 상대적으로 드러나지 않았던 연관 산업의 기업들도 차츰 두각을 나타내고 있다. 최근 줄어든 인도 자동차 판매의 영향을 만회하기 위해 인도 내 자동차 연관해서, 가장 큰 타이어 업체인 아폴로 타이어(Apollo Tire)는 세계에서 가장 견고한 성장세를 유지하는 미국 타이어 시장의 진출을 위해 세계 11위의 미국 쿠퍼 타이어(Cooper Tire & Rubber)회사를 미화 약 25억 달러에 인수하기로 결정 하였다. 마찬가지로 건설, 자동차 등 다른 경제활동 전반에 영향을 받는 인도 페인트 업계도 그동안 페인트는 부수 산업이다 라는 소극적인 자세에서 벗어나서 새로운 시장개척 및 제품개발에 힘을 쏟고, 신기술 도입을 위한 외국기업과의 기술 및 합작투자에 공을 들이고 있다.

인도 페인트 시장은 2012년 2,604억 루피(약 52억 미 달러화) 규모로 크게 장식용과 산업용으로 구분된다. 장식용 페인트는 집과 생활 용도로 주로 사용하고 산업용은 일반산업과 자동차, 파우더 코팅 등의 시장으로 나누어져 있다. 인도 페인트시장은 소규모 기업들과 대기업이 혼재하는 복합구조로 되어 있다. 장식용 페인트 시장은 특별히 기술집약적이 아니어서 소기업들이 많고 이들 소기업들은 전체 페인트시장 매출의 약 25%를 차지한다. 반면 산업용 페인트는 상대적으로 연구와 기술집약적이면서 소수의 대기업들이 활동하고 있다. 선진국 페인트 시장은 주로 산업용 페인트 시장이 주도를 하는데 비해 인도는 아직 장식용 페인트 시장의 규모가 산업용 페인트 시장에 비해 2012년 71대 29로 더 크고 성장률도 더 높다. 장식용 시장은 지난 2007년 이후 매년 평균 14.6%로 성장해 온 반면 산업용은 9.72%씩 성장해 왔다. 인도 페인트 협회(Indian Paint Association)는 앞으로 2013년부터 5년 간의 성장률을 지금까지의 추세와 비슷하게 장식용 14.8%, 산업용 10.8%로 예측한다.

　인도 페인트업계의 리더는 토종기업 아시안 페인트(Asian Paints)이다. 그 외, 과거 식민지시절의 영국계회사를 승계한 Berger Paint, 타타 그룹 회사의 일원이었으나 현재는 일본의 Kansai Paint가 인수한 Kansai Nerolac, 네덜란드 다국적기업 Akzo Novel, 일본의 Nippon Paint 등이 활약하고 있다. 아시안 페인트는 2012년 매출 795억 루피(약 미화 15.9억 달러)와 이익 59.8억 루피(약 1.2억 달러)를 달성했다. 아시안 페인트는 장식용, 산업용 페인트 모두의 리더이고, 장식용에서도 친환경 그린 테크놀로지를 도입해 새로운 제품을 출시하고 있다. 반면 산업용 페인트는 기술도입을 위해 미국의 대표적 페인트회사인 PPG(Pittsburgh Plate Glass) Industry와 50:50으로 합작해 제품을 생산하고 있다.

•• 인도 산업용 페인트의 최대수요처, 자동차

자동차 OEM Paint 분야는 산업용 페인트 분야에서 2012년 약 24.2%를 차지하는데 이 분야는 2012년 264.2억 루피(약 5.3억 달러)의 인도 전체 페인트 매출 3위 기업인 칸사이-네롤락(Kansai Nerolac, 약칭 칸사이)이 대표 주자이고 칸사이는 인도의 대표적 승용차회사인 마루티−스즈키 그리고 Toyota India에 독점적으로 공급하면서 자동차 OEM 분야의 인도전체 65%를 공급하고 있다. 이 회사는 지분 69.27%를 칸사이측이 소유한 일본계 회사임에도 불구하고 기업 내 체류 일본인 없이 100% 인도인에 의해 운영되는 것으로 알려져 있다. 한국 기업을 포함해서 인도에서 활동하는 외국 기업 거의 모두에 본사직원이 파견되어 경영에 관여하는 것이 대세이지만, 칸사이는 3명의 일본인 이사가 인도 내에 체류하지 않고 특별한 목적이 있을 때만 인도를 방문한다. 그 이유는 칸사이−네롤락이 과거 영국계 및 타타 그룹 회사를 거치면서 사회적 책임 등 경영 전통이 유지되고, 과거 타타 그룹 경영진이 계속 회사를 운영하면서 꾸준한 실적을 내어 인도인 경영진을 믿고 맡겨도 되는 것으로 판단하는 것으로 보인다.

인도 페인트업계도 최근 낮아진 경제성장으로 인한 전반적인 페인트 매출의 성장률 감소에 위기감을 느끼고 대안을 강구하고 있다. 페인트업계는 연구개발 강화를 통해 친환경 제품을 확대하는 한편, 2012년도 약 7% 신규자동차 판매 감소로 인한 자동차 OEM 페인트 매출은 줄었지만, 그 대신 지난 10년간 년 평균 16~17%씩 성장하여 전체 산업용 페인트 시장의 14.6% 규모로 확대된 자동차 재도색(refinish) 페인트

시장에 제품 출시를 늘리고 있다. 또한 해외 진출에 힘써 아시안 페인트의 경우 스리랑카, 방글라데시 등 남아시아 인근 국가는 물론 이집트, 바레인 등 중동국가, 동남아시아의 싱가폴 등 현재 17개국의 내수시장에 진출하고 있다. 한국의 페인트 기업, KCC Paint는 2007년부터 현대자동차가 진출한 첸나이 지역에서 제품을 생산 및 판매를 하고 있다. KCC가 인도 내에서 앞으로 지속적으로 시장을 확대해 나가고 또한 여타 한국기업들도 위에 언급한 타이어 등 다른 연관 산업에서 적극적으로 인도에 진출 할 것을 기대해본다.

7-5. 불황에 빠진 인도 부동산업: 주거용 부동산에서 돌파구 찾음

인도 경제성장률의 낮아짐과 더불어 시작된 인도부동산 시장의 침체가 2012년도부터 본격적으로 시작되어 2년 넘게 지속하고 있다. 사무실, 쇼핑몰 등 상업용 부동산 시장은 지난 몇 년간 불황이 지속되어 왔지만 최근에는 주거용 부동산 시장에 까지 영향이 미치고 있다. 사무실 임차수요는 인도전역에 걸쳐 2011년 35백만 제곱피트에서, 2012년 26백만 제곱피트로 26% 감소했는데 거래의 약 70%가 델리, 뭄바이, 방갈로르 3개 도시에서 일어나고 있다. 국제부동산 컨설팅업체 Colliers International에 따르면 인도 주요 도시 사무실 임대료는 2012년 델리 1%, 뭄바이 4%, 방갈로르 3%가 하락했고 2013년도에도 방갈로르의 임대료만 유지되고 델리와 뭄바이의 임대료는 각각 3%씩 하락했다고 한다. 그러면서 2013년 들어서 델리와 뭄바이의 주거 부동산의 판매가 약 40% 줄어드는 등 부동산 경기 전체의 본격적인 침체가 시작되는 징후를 보이고 있다. 이에 따라 인도 부동산업계는 심각한 유동성 부족에 직면, 인도정부에 도움을 청하고 자체적으로도 자산매각, 사업방향전환 등 강구책을 마련 중이다. 하지만 많은 전문가들은 이와 같은 위기가 인도 부동산 시장의 장기전망까지 어둡게 하는 것은 아니라고 하고, 인도 부동산시장은 앞으로도 경제발전 전망, 젊은 층이 많은 인구구조, 증가하는 도시화, 도시로의 농촌인구 이주, 현재 부족한 주거 공간 등을 고려할 때 발전 가능성이 높고, 2013년 인도 부동산업이 GDP에서 차지하는 비중이 6.3%에서 2020년까지 년 평균 11.6%로 계속 상승할 것으로 예측한다.

봄베이 부동산 지수(Bombay Realty Index)는 인도부동산 업계를 대표하는 델리를 기반으로 하는 인도 최대의 민간회사 DLF(Delhi Land & Finance), 뭄바이를 대표하는 Godrej properties, HDIL 등 5개 회사의 주가변동을 나타내는 데 2009년 10월 4,600포인트를 기록한 후 2014년 2월 현재 1,200포인트까지 하락하였다. 인도 부동산업계의 외부 자금조달은 인도 은행들이 이자율 13 ~15%로 신용이 있는 회사에게 주로 건축비에 대해서만 대출을 해준다. 그 외 부동산회사들은 사모펀드(Private Equity), 비은행금융회사(Non Bank Financial Company), 돈 많은 개인(High Net-worth Individual)로부터 자금을 조달하는데 담보를 보통 2배 이상 제공하고 이자율 18~25%로 빌려온다. 이 자금은 개발프로젝트에서 가장 큰 비중을 차지하는 주로 토지대금으로 사용한다. 결국 통상적으로 인도의 개발프로젝트 비용의 약 80%가 외부 차입으로 진행되면서 인도 부동산업계는 매각상황과 아울러 건설기간 동안의 자재비 및 인건비, 이자부담, 정부로부터 인허가 지연에 따른 추가 비용부담 등의 어려움에 봉착하고 있다.

인도 부동산 업계가 어려움에 직면하자 인도정부는 최근 몇 가지 중요한 정책을 발표했다. 첫째는 부동산 규제와 개발 법안을 발표했는데 이는 앞으로 부동산업에 대해 현재 농업 다음의 약 760만 명의 고용측면을 고려하여 산업의 지위를 부여할 계획이고 또한 규제기관을 두고 부동산 구매정보 등을 제공하면서 구매자를 보호하고 업계 전반에 투명성을 제고하고자 함이다. 또한 인도의 증권감독원(Securities and Exchange Board of India, SEBI)은 부동산에 투자할 수 있는 부동산투자신탁기금(Real Estate Investment Trusts, REITs)의 도입을 위한 방안을 발표하였다. 리츠(REITs)는 세계 여러 나라에서 투명하면서 공정하게 부동산에 투자하는 수단으로 인정받는데 이는 투자대상이 임대소득을 얻는 부동산이라는 점을 제외하고는 뮤우철펀드와 유사하고 인도 관련 당사자들로부터도 실행 가능한 방안으로 인식되면서 비상한 관심을 받고 있다.

··구르가온에 DLF(Delhi Land & Finance)가 세운 사이버시티

리츠는 부동산시장에 필요한 자금을 국내외 투자자들로부터 끌어들이면서 부동산을 구입하고 임대 수익을 배당한다. 그러면서, 투자자들에게는 투명하게 투자할 대상을 제공하고 또한 리츠에게 부동산을 매각하는 부동산업자들에게 적절한

출구를 제공한다는 의미에서 인도 부동산업이 제2의 도약을 할 수 있는 방안으로 여겨지고 있다. 다만 인도 증권감독원은 리츠와 같은 새로운 제도의 도입이 실패하지 않도록 초기 리츠 자산규모를 100억 루피(약 1.67억 달러) 이상 대형화, 완성되고 임대소득을 내는 부동산 자산에 투자, 년 2회 이상 순자산가치 발표 등을 하게 하는 등 규제방안을 강구중이다.

인도부동산 업계는 자금이 말라가고 있고 높은 빚에 허덕이고 있는 반면 수요자는 불확실한 경제상황에서 구입을 꺼려하고 있다. 뭄바이의 팔리지 않은 주거 부동산 처리에 9분기, 델리는 6분기를 요한다 할 정도로 업계는 많은 재고를 안고 있다. 전문가들은 인도 남부 부동산 시장이 북부시장보다 상황이 더 나은 편이라고 하는데 이는 방갈로르, 첸나이 등의 시장은 주로 최종수요자가 주도하는 시장이고 이 지역 경제상황을 주도하는 IT경기가 살아있어 꾸준히 구매가 이루어지고 있는 반면 델리와 뭄바이는 부동산 거래에 투기자가 관여되어 있고 지금과 같은 어려운 시기에는 이들이 부동산 시장에서 벗어나 있어 더욱 어렵다고 한다.

전문가들은 부동산 부문이 필요한 지원을 얻기 위해서는 먼저 경제상황이 나아져야 구매자들이 시장에서 행동으로 옮기는데 이와 같은 상황은 최소 2014년 5월의 총선이 끝난 후에야 기대할 수 있다고 한다. 부동산 회사들은 또한 어려운 상황에서 벗어나기 위해 매각이 어려운 상품에 대해 5~15% 가격을 인하하고 주거용 면적을 한국의 25 ~30평에 해당하는 2BHK(bedroon, hall, kitchen)면적을 1000~1200제곱피트에서 900 ~1000제곱피트로 줄이면서 합리적인 가격으로 공급하고 어려운 상황에서도 수요층이 꾸준한 서민층 아파트 건설에 더욱 관심을 두려고 한다. 뭄바이에 기반을 두고 현재 콜카타에서 주정부 개발회사와 함께 270억 루피(약 4.5억 달러), 20,000동의 서민 아파트를 건설하고 있는 샤푸르지 팔론지(Shapoorji Pallonji)그룹도 다음 프로젝트도 상업용 건물을 개발하는 대신에 델리, 방갈로르 그리고 다른 도시에서 주거용 특히 서민용 아파트 건설을 지속할 예정이라고 한다.

인도 부동산시장은 2005년부터 호텔, 도시개발, 주택건설 프로젝트 등에 100%까지 외국인 투자를 하도록 개방하고 있으나 2012년 40억 달러 유입에 그쳐 기대에 미치지 못하였다. 이에 인도는 부동산시장에 리츠와 같은 새로운 투자수단을 도입하는 등 여건을 지속적으로 개선시켜 앞으로 2022년까지 외국인 투자유입을 연간 250억 달러 수준으로 끌어올릴 계획이다. 인도 부동산시장에 대한 관심을 반영하여 Colliers, CBRE, Jones Lang Lasalle, Cushman & Wakefield 등 여러 다국적 부동산 관련 서비스 기업들이 인도에서 활동 중이다. 2015년 삼성물산 건설부문은 뭄바이에서 릴라이언스 그룹과 컨벤션센터를 포함한 복합문화시설 4동을 약 6.78억 달러의 금액으로 짓고 있고, 현대산업개발은 뭄바이 현지 부동산 개발회사의 68층, 약 오백여 세대 고급 아파트를 7,000만 달러의 금액으로 60개월에 걸쳐 건설하고 있다. 앞으로 발전가능성이 높은 인도부동산시장에 한국의 여러 관련 기업들이 적극 참여 하기를 기대해 본다.

Part 8

철광석, 전력, 원유,
철강기업, 잠수함 건조계획

8-1. 철광석

인도는 중국, 오스트레일리아, 브라질 다음의 세계에서 4
번째 큰 철광석 생산국이면서 오스트레일리아 브라질 다음
의 3번째 수출 국가이다. 이 중 중국은 주요생산국이면서 또
한 수입국이다. 2010년 인도는 철광석을 212.6 백만 톤을 생
산하였고 2009년 103백만 톤, 2010년 97백만 톤을 수출하였
다. 철광석 수출은 인도의 대표적 철광석 매립지인 오딧사,
카르나탁, 고아 주에 집중되어 있다. 한편 인도철광석의 품질
은 철의 순도가 2/3 이상이 62%가 넘어 세계시장에서 높은
평가를 받고 있다. 하지만 2005년경부터 시작된 중국의 본
격적인 철광석 수입으로(2008년 이후 인도철광석 수출의 약

90%가 중국으로의 수출) 인도에서 불법적으로 철광석 채굴이 행해지고 있을 뿐만 아니라 인도내의 경제활동증가로 철의 수요증가, 제철생산 증가 및 철광석 수요증대로 이어지자 인도정부는 위원회를 구성 불법채굴조사에 본격적으로 나서기 시작했다.

인도정부는 이에 대한 대처로서 극단적인 수출금지까지를 정책으로 생각했으나 이를 실행할 경우 철광석을 수출하는 각 지방정부에 대한 경제적 타격을 고려하여 차선책으로 철광석수출에 대한 세금증가를 고려한 여러 가지 방안을 강구 중이다. 철광석 주요수출 지역인 고아주에서 철광석수출이 차지하는 비중은 주의 주된 산업인 관광산업 다음의 주요한 산업이다. 전체인구 160만 명 중에서 약 7만 5천명이 철광석 수출에 직간접으로 관여되어 있다. 운송에 관련된 트럭회사, 바지선등을 포함해서 많은 관련자에게 극단적인 정부정책이 미치는 영향을 고려하여 인도정부는 한발 물러서 차선책으로 지금까지의 철광석수출에 대한 수출세를 20%에서 30%로 올리는 차선책을 최근 택하였다. 많은 전문가들은 수출금지와 같은 극단적인 조치보다 수출과 국내수요의 조절을 위한 수출세와 같은 가격도구를 사용하기를 선호하고 있다.

인도는 해외의 철광석확보에도 공을 들여 2011년 11월 아프칸 정부가 행한 수도 카불인근의 하지각(Hajigak)광산의 채굴권(18 ~ 20억 톤)을 국영 인도철강회사(Steel Authority of India, SAIL)가 구성한 컨소시엄(약 20억 $투자)을 통해 확보하였다. 뿐만 아니라 인도 내에서 부족한 발전용 무연탄 확보를 위해 호주정부가 무연탄채굴에 대한 탄소세 등의 세금을 올렸음에도 불구하고 현지 진출을 지속적으로 추진 중이다.

•• 인도 제철기술의 우수성을 보여주는 4세기 굽타 왕조때 세워진 철기둥(Qutub Minal 유적지 소재)

한국은 여전히 인도철광석의 주요한 수입 고객이지만 대신 비중이 2000년대 초반 인도철광석 수출의 약 5% 수입에서 2010년 1%로 줄었으며 대신 포스코는 인도현지 오딧사 주에 약 120억$을 투자해 년 1,200만톤 생산의 종합제철소를 추진 중이다. 오딧사 제철소가 현지 주민들로부터 토지확보, 광산 채굴권, 세계 철강공급 과잉 등의 문제로 정체해 있는 반면, 포스코는 최근 현지업체와 합작으로 고아주의 철광석을 활용, 소규모 제철소를 짓는 문제를 검토 중이다. 그 외 포스코는 현지에서 냉연코일 생산, 철강재 가공판매 등의 사업을 진행 하고 있다. 인도에 포스코와 다른 한국의 철강업체들이 진출하여 지속적으로 사업을 진행하기를 기대해 본다.

8-2. 전력생산

인도는 경제자유화이후 높은 경제성장에 따른 전력수요 급증으로 가뜩이나 어려운 전력사정이 더욱 심해지고 있다. 인도정부는 전력공급이 연평균 10%로 증가하는 수요를 못 따라가자 계획경제하에서 공공부문에 한정되어 있던 전력부문을 경제자유화이후 생산, 배급에 이르기까지 민간에 개방하여 투자를 이끌어 내고 있다. 이에 따른 민간부문의 투자는 주로 인도의 많은 매장량을 갖고 있는 유연탄을 원료로 하는 화력발전소 건설이다. 현재 인도의 총 전력생산 182,000MW 의 55%가 석탄발전소에서 생산된다.

•• 전력소비처– 방갈로르 IT 사무동 건물

　인도는 세계에서 미국, 러시아, 중국 다음의 약 2,670억 톤 의 석탄매장량을 가지면서 2011년 약 5억 5천 4백만 톤을 생 산하였으나 수요인 6억 9천 6백만 톤에는 못미쳤다. 부족분 은 주로 인도네시아, 호주 및 남아프리카 공화국에서 수입 하고 있다. 인도가 풍부한 매장량에도 불구하고 석탄을 수입 하는 이유는 워낙 빠른 수요증가에도 기인하나, 공급측면에 도 매장지 인근에 있는 원주민들이 부지를 광산개발업자에게

헐값으로 넘기는 데에 반대하는 등의 이유 때문이기도 하다. POSCO의 연 1,200만톤 생산, 120억$ 투자의 인도 오딧사주 제철소 추진이 장기간 진척이 이루어지지 않는 주된 이유는 원주민의 부지 매각반대였다. 이에 인도정부는 최근 법을 개정하여 부지수용회사 및 광산개발업자의 이익을 그 지역지자체와 공유하는 법안을 제출해 현재 법안심의 중이다.

인도에서 전력은 중앙정부와 주정부 모두가 관여하는 공동산물로서 중앙 및 주정부가 공동으로 주관하는 발전소건설을 위한 공개입찰에서 주로 전력생산판매 단가를 기준으로 민간사업자가 선정되어진다. 민간업체는 선정계약에 따라 발전소를 건설한 후 미리정한 가격으로 주정부의 전력위원회에 전력을 판매하는 체계로 되어있다. 그동안 인도의 타타, 릴라이언스, 에스알(ESSAR), 아다니(Adani) 등 많은 에너지 기업들이 전력공급시장에 참여하여 사업권을 확보하였다. 또한 발전소건설과정에서 한 예로 한국의 두산중공업이 타타전력이 구자라트주 문드라(Mundra)지역에서 짓는 발전소 4,000MW 공급프로젝트에 800MW 보일러 5기를 공급하고 있을 정도로 한국기업의 진출이 두드러진 분야이다. 2005년 이후로 허가된 40,000MW가 넘는 민간발전소건설 대부분의 위치가 경제가 빠르게 발전하는 대도시 및 산업발전이 급속이 이루어지는 주(마하라스트라, 구자라트, 타밀나두, 안드라프라데쉬 등)의 해안가에 주로 집중되어 있어서 이들 업체들은 발전소운영 연료를 대부분 운송이 용이하고 품위가 높은 수입석탄위주로 계획을 세웠다.

민간기업이 해외수입 석탄원료를 선호하는 이유는 지리적인 이유이외에도 해외에 비해 상대적으로 비싼 국내 철도운송료, 채굴비용, 낮은 품질, 채굴에 따른 높은 해당지자체로의 지출 등의 부담 이유이다. 인도의 민간기업들은 따라서 해외석탄원료를 확보하기 위하여 지금까지 약 80억$을 해외광산에 투자하였다. 하지만 최근 인도네시아 정부가 행한 석탄 수출가격을 국제지수와 연동해 정부가 정하고 그 이하로 수출을 금하게 함으로써 이미 맺은 낮은 가격으로 수입을 더 이상 할 수 없게 되고, 인도기업들이 2007년 톤당 평균 24$에서 2011년 60$로 150% 오른 가격인상으로 타격을 받고 지금과 같은 상황에서는 발전소 건설을 지속할 수 없다고 하며 정부에 대해 전력요금 재협상을 요구하고 있다. 인도정부는 공정성의 원칙에 위배되어 쉽게 재협상은 받아들일 수 없다고 한다. 따라서 인도 민간전력 기업들은 국내 및 해외의 저렴한 저급탄을 혼합하여 사용하는 방안 등을 강구 중 이다. 이처럼 지구촌 곳곳에서 일어나고 있는 원자재 가격상승 및 확보의 영향을 인도전력 생산업체들만이 아니라 전력을 사용하는 기업 및 소비자들이 받고 있다.

8-3. 이란(Iran)산 원유수입

•• Gurgaon 도로에서 작업하는 포크레인(경유 소비)

전 세계 특히 미국과 서방국가들은 이란이 미래 에너지 어려움을 이유로 핵을 개발하는 것이 쉽게 핵무기로 전용될 수 있기 때문에 의구심을 갖고 이를 제지하기 위한 방편으로 이란에 대해 정치적, 경제적 제재를 가하고 있다. 우리나라에도 미국의회가 앞장서 이란 산 원유도입을 감축할 것을 요구하고 있다. 인도는 2010년 이란으로부터 전체 원유도입의 약 12%를 수입하였고 이란의 석유수출 가운데 중국이 20%, 일본이 17%, 인도가 16%, 이태리가 10%, 대한민국이 9% 등 주된 수입 국가 중의 하나이다. 인도는 에너지 순수입국으로 석유가 전체 에너지소비 중에 차지하는 비중이 석탄 53%에 이은 약 31%에 이르고 있다. 그 외에 천연가스가 8%, 수력이 6%, 원자력발전이 1%, 태양광 및 풍력 등 재생에너지가 1%로 구성되어있다.

인도는 천연가스, 원유 등 석유류의 국내생산에도 불구하고 수입에 많이 의존하고 있다. 2010년 약 3천 800만 톤의 원유를 생산했지만 이는 국내소비의 30%에도 못 미치고 나머지는 수입을 했다. 문제는 지난 10년간 원유생산이 답보 상태인대에 비해 수요는 경제자유화 이후의 높은 경제성장 및 중산층의 자동차 등 이동수단의 구매 증가로 년 평균 약 5% 씩 증가 하는데 있다. 따라서 인도의 석유관련 수입은 매년 증가하면서 2010년 전체수입의 약 30%인 년 1,000억 달러에 이르러 전체 무역수지 적자 1,070억$의 대부분을 차지하고 있다.

인도와 이란은 지정학적으로 인접국이면서 역사적으로도 밀접하고 친밀한 관계를 지속해왔다. 그러면서 국제무대에서 이란은 인도를 지속적으로 지원하고 특히 무슬림국가들 중에서 대표적 친인도 국가이다. 반면 인도는 그동안 이란과 밀접한 관계를 유지하면서도 미국과의 관계도 또한 더욱 가까워져 왔다. 최근 미국 오바마 대통령이 밝힌 절친 외국정상 5명 중에 인도의 만모한 싱 수상을 꼽을 정도로 인도의 개혁과 개방 후에 정치, 경제, 사회 등 모든 방면에서 미국과 어느 때보다 밀접한 관계를 유지하고 있다. 인도는 일찍이 2005년 이란의 핵무기 개발에 반대하는 UN결의안에서 서방의 일방적인 이란제제에 반대한다고 공식발표를 하면서도 결국 찬성표를 던져 이란을 놀라게 했다.

그 후에도 인도는 미국 및 서방의 이란은행을 통한 송금 제재에 동참하면서 이란과의 거래에 그 대신 독일이나 터키를 통한 간접결제방식을 취한 바 있다. 그런데 이제 이들 나라들까지 제재에 적극 나서게 되자 인도는 최근 결제은행을 국제사회의 일방적인 제제에 반대하는 러시아의 은행으로 바꾸고 유로나 루블을 수단으로 하여 이란은행과 결제하려고 강구중이다. 인도의 민간 석유수입업체 릴라이언스, 에스알(Essar) 석유 등은 미국으로부터의 압력 등을 이유로 이미 이란산 원유수입을 금지했고 다른 OPEC국가들로의 수입전환을 모색하고 있다. 반면 국영기업인 인도석유회사(IOC) 등은 앞으로도 이란원유수입을 계속할 계획이지만 인도는 이란제재에 따른 원유수입가격 인상 등의 영향을 피할 수 없어 보인다.

8-4. 철강기업: O.P. Jindal Group 회사들

인도의 철강 산업은 경제발전에 따른 철강수요 증가에 힘입어 지속적으로 성장해왔다. 앞으로도 인도는 지속적인 경제성장에 따른 자동차, 기계 등 산업수요, 인프라 건설수요, 또한 현재 극히 낮은 개인당 철강소비수준(1인 연간 약 60그램, 중국의 1/10 수준), 잠재적 수요처인 광활한 농촌 등을 고려할 때 철강 산업의 전망이 밝아 보인다. 인도의 철강생산 능력은 2012년 90백만 톤에서 2013년 전반기에 12.8백만 톤의 설비를 추가해 1억 톤 이상의 생산능력을 갖췄으며, 장기적으로는 2020년까지 1.8~ 2억 톤의 설비를 갖출 것으로 보인다. 이와 같은 생산능력은 현재 중국, 일본, 미국 다음의 세계 4위이나 곧 일본과 미국을 추월해 세계 2위로 올라설 것으로 예측된다. 반면 실제 생산은 2008년 58백만 톤에서 4년 뒤인 2012년 77백만 톤으로 33% 증가 했는데 이는 같은 기간 동안 중국의 생산이 5.12억 톤에서 7.16억 톤으로 40%가 증가한 다음의 세계 2위의 증가율이다.

인도의 제철기업 중에는 2013년 현재 조강 능력 12.9백만 톤으로 가장 크면서 공기업인 SAIL(Steel Authority of India Limited)을 비롯, 대표적 민간 기업이면서 9.7백만 톤으로 4위의 Tata Steel 등 여러 기업이 있으나 그 중에는 한 가문에 속하면서 크게 드러나지 않게 성장하는 기업이 전체 10위 내 3곳이나 차지하고 있다. 이 기업들은 현재 11백만 톤으로 생산량 2위인 JSW Steel, 3.2백만 톤으로 5위 JSW Ispat Steel, 7위인 3.0백만 톤의 Jindal Steel and Power Limited(JSPL)로 같은 뿌리에 속한다. 이들 기업들은 델리인근 하리야나 주 출신의 정치인 겸 기업인 O. P. Jindal(1930년~ 2005년)이 세운 철강 및 에너지 전문 범 O.P. Jindal 그룹에 속하고 4명의 아들들이 각자 주로 철강에 관련된 별도의 기업을 운영하고 있다.

JSW(Jindal South West) Steel은 본사가 뭄바이에 있으면서 O. P. Jindal의 둘째 아들인 Sajjan Jindal이 대표이면서 설립자다. JSW Steel은 인도남부의 고순도 철광석이 분포한 카르나탁 주(Karnataka State)의 Vijayanagar, 뭄바이 인근 마하라스트라 주 Vasind 및 타밀나두 주 Salem에 공장을 두고 있다. JSW Steel은 2010년 같은 마하라스트라 주에 공장을 두고 일본의 히타치와 기술협력을 하면서 열연, 냉연 강판 등 고품질의 제품을 생산하던 Nippon Denro Ispat Steel 을 30억 달러에 인수하여 JSW Ispat Steel로 명칭을 바꾸었다. 반면 O.P Jindal의 넷째아들인 Naveen Jindal은 인도의 전통적으로 자원이 풍부한 동부지방인 오딧사주 Angur, 차티스가르 주 Raigarh에 공장을 둔 Jindal

Steel and Power Limited(JSPL)를 경영하고 있다. 그는 아버지를 이어 인도의 주력정당인 Congress당의 하리야나 주 연방국회의원을 겸직하고 있다.

인도 철강기업들은 철광석을 기업의 투자규모에 따라 주정부와 협약을 맺고 인근지역 광산을 개발해 공급을 받는다. 또한 철강기업들은 석탄을 연료로 전력을 자체 생산하는 경우가 많고, 쓰고 남는 전기는 외부에 판매를 한다. 석탄의 종류는 크게 발전(thermal)과 제련(coking)으로 나누어지고 따라서 인도 철강기업들은 두 가지 용도의 석탄을 모두 필요로 한다. 인도 전체적으로 전력공급을 늘리고 있기 때문에 발전용 석탄의 수요가 해마다 늘어가고 있다. 인도의 부존석탄은 거의 발전용이고 공급이 부족해 해외에서 수입을 늘리고 있다. 제련용은 거의 수입에 의존하면서 인도 전체적으로 2012년 30백만 톤 이상을 수입하였다.

따라서 인도 철강기업들은 장기적으로 안정적인 석탄과 철광석 확보를 최우선으로 하고 이를 위해 국내는 물론 아프리카, 인도네시아, 중남미, 호주, 캐나다 등 부존자원이 많은 지역에 앞 다투어 진출하고 있다. 또한 철강기업들은 제련과정에서 나오는 폐열 및 수증기를 활용해 전력생산의 원가를 낮추고, 슬러지 등 부산물을 이용해 시멘트 등 을 생산해 판매한다. 또한 제품을 나사, 와이어 등에 쓰이는 단순 선재제품에서 부가가치가 높은 자동차용 강판 등에 쓰이는 냉연, 열연 제품으로 확대하고 있다. 이를 위해 연구개발에 대한 투자를 늘리고 환경을 의식한 새로운 공법을 도입하고 있다.

•• 하리야나주 Bawal에 세워진 포스코 IDPC 철강재 가공공장
(구글 사진 자료)

2012년 Naveen Jindal의 JSPL의 경우 인도 전체적으로 전년대비 12% 증가한 철강수요에 따른 매출증가, 그동안 확보한 철광석, 석탄의 안정적 수급, 설치된 발전설비에서 생산한 전력의 판매로 전년도에 비해 35% 증가한 1,835억 루피(약 36.7억 달러) 매출과 34% 증가한 400.2억 루피(약 8억 달러) 순이익을 거두었다. 그러면서 인도 철강기업들은 장기 계획에 따라 철강시설을 증가시키고 있다. JSPL은 현재

의 3.5백만 톤 철강 및 2,500MW 전력 생산능력을 2015년에 7.6백만 톤 철강, 4,300MW 전력, 2020년 1,800만 톤 철강 및 12,500MW 전력생산으로 3배 이상 설비를 증가시킬 계획이다. 이를 위해 약 7,000억 루피(미화 140억 달러)가량을 외부에서 조달할 계획인데 JSPL은 부채규모를 현재의 100% 수준에서 앞으로 200% 수준 밑으로 안정적이게 조절할 계획이다.

하지만 이와 같은 인도제철업계의 장기적 계획에 반하는 소식도 들리고 있다. 한 예로 인도의 신용평가기관인 ICRA(Investment Information and Credit Rating Agency)에 따르면 인도 제철산업에 대한 도전으로 앞으로 약화될 수요와 철광석 부족을 꼽고 있다. ICRA는 2013년 인도 철강소비가 5% 성장에 그칠 것으로 예측하는데 수요 약화는 최근 침체된 경제성장을 근거로 하고, 철광석 부족은 철광석을 보유한 각 주에서 채굴활동에 대해 엄격한 제한을 하는 것을 이유로 든다. 이에 따른 시장의 평가를 반영해 인도의 공기업 Sail 주식가격은 1년 전에 비해 51.23%나 감소했고 상대적으로 견실하다고 평가받는 JSW Steel이 30.35%, JSPL은 44.63%, Tata Steel도 1년 전에 비해 39.74%나 감소했다.

이러한 상황에서 한국의 포스코는 2005년부터 Odisha 주에서 12백만 톤을 생산하는 일관제철소 프로젝트를 추진해오고 있다. 최근 인도 연방 및 주 정부로부터 각각 철광석 탐사권 승인과 제철소 부지를 확보한 것으로 알려지고 있어 가까운 장래에 이곳에서 포스코 제철소가 착공 될 것으로 보인다. 포스코가 인도 및 해외시장에서의 철강의 수요 및 공급을 잘 검토하여 성공적인 프로젝트 진행을 하기를 기원해 본다.

8-5. 인도의 잠수함 건조계획

인도정부는 2015년 초 약 5,000억 루피(80.6억 달러)에 달하는 6척의 신형 스텔스 디젤 잠수함의 인도내 건조계획, Project-75(I)를 발표했다. 그러면서 한 전문가는 추후 해외로부터 기술이전과 정부가 요구하는 추가 편이사항으로 비용이 120억 달러까지 오를 수 있다고 한다. 인도는 이번 신형 잠수함 건조계획 이전에 이미 2007년부터 38억 달러의 예산을 들여 프랑스조선소 DCN의 기술이전으로 6척의 1,565톤급 스콜피온(Scorpene) 잠수함을 뭄바이 인근에 있는 공기업 마자곤 조선소(Mazagon Dock Ltd, MDL)에서 건조 중이고 1호기가 금년 3월 진수되어 2016년 9월 인도해군에 인계될 예정이다. 인도는 그러면서 지금까지 약 29억 달러를 들여 6,000톤급 핵잠수함, 아리한트(Arihant)를 민간-공기업의 합작으로 인도 내에서 건조하면서 러시아의 도움으로 2009년 진수했으나 아직 시험 중이고 2016년에 실전배치 될 예정이다. 이 핵잠수함은 인도의 공영 바바 핵 연구소(Baba Atomic Research Center)가 83MW의 원자로를 디자인했고, 인도최대 민간 건설기업 라슨앤투브로(Larsen & Tubro, L&T)의 중공업-조선부문이 잠수함 골격제작, 그리고 조립은 인도동부 비샤카파트남 항구도시에서 있는 인도해군제작소(Directorate General Navel Projects)에서 행해졌다.

인도해군은 현재 13척의 잠수함으로 아프리카의 남단 희망봉에서부터 동남아시아의 말라카해협 그리고 남중국해 일원의 해역을 담당하고 있으나 턱없이 부족한 잠수함전력의 열세를 느끼고 2030년까지 24척을 추가로 진수할 계획을 세우고 있다. 현재 운항중인 13척은 8척이 3,100톤 러시아의 킬로(Kilo)급이고, 4척은 한국에도 있는 1,850톤의 독일제 HDW 209급이다. 그리고 추가로 러시아로부터 임대해 사용하고 있는 8,140톤 핵잠수함이 1척 있으나 이에는 임대조건으로 비핵무기만을 장착할 수 있다. 이 잠수함들은 보통 25년의 수명주기를 갖는데 이미 사용연수가 킬로급은 23~28년, HDW 209급은 20~28년으로 수명년도가 거의 다 되어가고 있다.

•• 프랑스 DCN사의 기술이전으로 뭄바이 Mazagon Dock에서 진수되는 스콜피온(Scorpene)급 잠수함(2015.3월), (구글 사진 자료)

인도의 Project-75(I) 새로운 잠수함 건설 프로젝트에 인도내 조선소들 뿐만아니라 해외조선소들도 많은 관심을 가지고 지켜보고 있다. 이는 인도조선소들이 해외조선소들과 협력하고 기술이전을 통해 모두 인도 내에서 건조해야하는 프로젝트이다. 지금까지 관심을 표명한 인도내 조선소는 현재 운행 중인 독일 HDW사의 209급 잠수함 2척을 기술이전을 통해 인도내에서 건조했고, 또한 프랑스 DCN사의 기술이전으로 6척의 스콜피온급 잠수함을 제작하고 있는 공기업 마자곤조선소(MDL), 민간기업으로 그동안 핵잠수함 Arihant의 골격을 제작했을 뿐만아니라, 선박디자인 센터를 세우고,

원래의 구자라트주의 Hazira조선소에 추가해 첸나이 인근 Kattupalli에 1,225에이커 조선소를 증설한 L&T의 중공업&조선부문, 아직은 대규모 수주의 경험은 약하지만 구자라트주의 Pipapav에 세계에서 가장 규모가 큰 현대중공업 다음으로 큰 드라이독을 갖춘 PDOC가 뛰어들고 있다. 이 PDOC사는 현재 인도해군과 해안경비대의 순시선(patrol boat) 19척을 6.68억 달러에 수주해 건조 중이다. 또한 인도정부도 이들 회사들과 별도로 모두 공기업들인 수리(repair)조선 위주의 힌두스탄 조선소(Hindustan Shipyard), 엔지니어링 회사인 바랕중전기(Bharat Heavy Electricals Ltd(BHEL)), 우주, 항공, 원자력을 위한 티타늄 등 합금과 특수 강철회사인 미쉬라 다투 니감(Mishra Dhatu Nigam Ltd.)등의 회사들로 컨소시엄을 구성해 서로의 보완적인 능력을 인도잠수함 건조능력에 보태도록 하고 있다.

 인도가 이번 프로젝트에서 비용과 시간이 많이 들어가는데도 불구하고 신형잠수함을 인도 내에서 건조토록 하는 데는 이를 통해 인도의 잠수함 설계 및 건조능력을 키워 앞으로는 자체적으로 잠수함을 건조하려는 목적이다. 이번 잠수함도 이미 전 세계에서 상용화된 기존 잠수함의 디자인에 인도해군의 작전 요구사항을 받아들여 변화와 수정을 가하는 형태가 될 것이다. 계약은 단독으로 지정될 수도 있으나, 입찰자들의 컨소시엄이 될 수도 있고, 혹은 같은 디자인을 두 업체가 나누어서 건조할 수도 있겠다. 위에서 소개한 PDOC사는 나중에 경쟁사들 사이의 협업에 대비해, MDL사와 잠수함을 비롯 전함 건조에 협력하는 협약을 맺었고, 해외의 DCN사와도 전략적 파트너쉽 관계를 협상 중이다. 세계적인 조선소와 군함, 잠수함을 자체적으로 설계, 제작하는 기술을 보유하는 한국도 인도의 군함, 잠수함 건조계획에 관심을 갖고 적극 진출하기를 기대해 본다.

Part 9

주가지수, 기업실적,
공기업 주식 매각, 임금인상 등

9-1. 주가지수

인도 주식시장 특징 중의 하나는 외부 관찰자를 언제든지 놀라게 할 수 있다는 점이다. 2007년 말에는 아무도 2008년에 뭄바이주가지수(Bombay Stock Exchange Index)가 10,000 포인트 이상 떨어져 주식시장에 재난이 다가올 것이라는 것을 눈치 채지 못했다. 마찬가지로 2011년 말에는 2012년이 주식시장에 좋은 결과를 맺을 것이라는 것을 알지 못했다. 2012년은 인도주식시장에서 3,892포인트가 상승해 절대적 주가지수에서 2009년, 2007년, 2006년 다음으로 4번째 많이 오른 한해였다. 가장 많이 오른 해는 2009년으로 그 해 주가지수가 약 7,000포인트가 상승했다. 2013년 초의 분위기는 2012년 초였던 것보다 훨씬 더 좋았다. 2013년 초 많은 주식전문가들은 안정적인 세계경제성장과 외국인투자 자금 유입, 정부정책개혁, 인도회사 수익 성장률이 2012년의 한자리 수에서 2013년에는 두 자리 수로 증가할 것으로 예측했다. 그러면서 주가지수가 2012년 말 20,000포인트보다 15% 증가한 약 23,000포인트를 예상했는데 아직 못 미치고 있다.

•• 뭄바이 주식시장(BSE) 건물

2013년 초 20,000포인트에 육박하던 주가지수는 시리아의 화학무기 사용에 대한 다국적군의 응징계획 발표 그리고 미국의 양적완화정책의 축소가능성 등 소식으로 8월말에

18,000포인트 아래로 떨어졌다. 그 이후 협상으로 해결을 찾아가는 시리아사태 그리고 미국의 신흥국을 배려한 양적완화 정책 유지 발표 등으로 불확실성이 많이 사라지면서 주가가 회복되어 11월초에는 21,000을 넘어서고 최근에는 20,500선에서 조정을 받고 있다. 인도인의 대표적 선호주식인 Tata Steel의 주가(액면가 10루피)도 2013년 8월말 195루피로 금년 최저가를 기록한 후 11월 13일 352루피로 회복했으나 지난 1년간의 최고가인 448루피에는 아직 못 미치고 있다. 반면 수출 지향적이고 선진국 등 대외경제에 많이 의존하는 대규모 IT-Software 회사들인 TCS, Infosys, Wipro, Tech Mahindra 등은 주가가 년 초에 비해 꾸준히 증가했다. TCS 주가는 연초 1,260루피에서 11월 중순 2,086루피를 기록하고 있다.

인도 뭄바이주식지수는 1992년 1,000포인트를 넘어서고 4,000포인트에 이르렀다. 그 후 8년 뒤인 2000년에 기술, 미디어, 통신주가 이끌면서 6,000포인트에 도달했고, 2006년 10,000포인트를 돌파한 후 2008년 인프라, 부동산주식이 선두역할을 하면서 20,000포인트를 넘어섰다. 그러면서 2008년 미국발 금융위기 이후 변동성이 크게 증가했다. 지난 4년 동안의 최대치는 2013년 11월 초의 21,321 포인트이고 최저치는 2012년 15,651포인트 이다. 인도주식시장이 외국인 기관투자자의 자금유입에 의해 크게 변화한다는 것은 널리 알려져 있다. 1990년대 초 인도경제자유화이후 외국인들은 2013년까지 인도 금융시장에 약 2,000억 달러의 자금을 들여와 운용하고 있다. 2012년 해외에서 인도로 약 243억 달러의 순자금이 들어왔고 결과적으로 약 3,900포인트의 주가지수 상승을 가져왔다. 2011년 외국인 기관투자가들이 271억 루피(약 6억 달러)가량을 순유출을 했을 때 주가는 약 5,200포인트 감소했다. 이에 앞서 2008년 세계금융위기로 인해 외국인 투자자금에서 5,298억 루피(약 120억 달러) 순유출이 일어났을 때 직전 주가지수 약 20,000포인트의 절반가량인 10,678포인트가 사라지는 경험을 하였다. 2013년에도 8월말까지 인도주식시장이 18,000 포인트 이하로 떨어지면서 거의 바겐세일수준으로 된 가장 큰 이유는 미국 양적완화 규모 축소 발표로 당시 해외 자금이 인도시장에서 약 50억 달러의 순유출을 기록했기 때문이다. 또한 인도인들도 하락국면에 있는 주식시장에 투자하지 않고 대신 상대적으로 안정적이라고 믿는 금이나 부동산으로 자금이 모이게 되었다.

인도주식시장에 영향을 끼치는 다른 변수로는 2013년 1달러 당 69루피에 까지 치솟은 루피화 평가절하, 세계경제상황, 국제원유가 변동, 인도정부개혁, 몬순도래, 인플레이션과 싸우는 중앙은행 RBI의 정책, 다가온 선거에 따른 정부정책의 변화 등이다. 루피화 평가절하는 기업들에게 원유를 비롯 원자재가격의 상승요인이 되며 또한 외화부채 부담을 높게 해 수익이 줄어들고 주가에 마이너스 영향을 끼친다. 정부개혁은 디젤 및 LPG가격, 전력요금, 철도요금 등을 시장가격수준으로 올려 금년도 GDP의 2.4%에 해당하는 보조금을 단계적으로 줄이는 것이다. 이와 아울러 정부가 선거에 임박해 과거와 같은 식량보조금지급 등 포퓰리즘 정책을 남발하는 것은 재정적자를 악화시키고 주식시장을 포함하여 인도경제에 부담을 준다.

다행히 2013년 국제원유가가 안정적이고 물가가 제자리를 찾아가면서 이자율이 하락하였다. 또한 몬순이 제때에 도착해 농작물 수확증가와 가격안정이 이루어지고 인도경제 및 주식시장에 긍정적으로 영향을 미치고 있다. 유럽의 금융위기 극복, 미국 및 중국의 경기 회복 등의 세계경제상황도 인도주식시장에 긍정적 영향을 미친다. 따라서 인도 뭄바이주가지수는 2013년 말까지 특별한 변화가 없다면 2012년 주가 20,000 포인트에서 5% 상승한 21,000 수준 대에서 유지될 것으로 많은 사람들은 예측하고 있다.

9-2. 2013년도 인도기업 실적: 100대 기업을 중심으로

지난 2013 회계 연도는 인도기업에게 기대와 걱정이 교차하는 시기였다. 새로이 바뀐 재무장관이 시장개혁을 주도할 것이라는 기대는 오래가지 못했고, 중앙정부의 연립적 구성으로 인한 정치적 불확실성과 이에 따른 개혁적 조치의 부족으로 걱정이 증가한 시기였다. 또한 인도기업들은 최악의 금융상황을 견뎌야 했는데 이는 2012년 5월 미국연방 준비은행이 양적완화를 줄이려는 움직임으로 인해 루피 화의 변동성이 크게 증가해 당시 달러당 54루피 하던 환율이 8월에 68루피까지 상승해, 원자재 수입가격 상승 등의 물가상승 압력을 견뎌야 했다. 2013년 9월 소비자물가가 10%에 육박함에 따라서 인도중앙은행이 은행 간 단기이자율을 7.5%에서 7.75%로 올릴 정도로 물가 상승과 부채에 대한 이자부담 등 기업의 제품원가에 대한 압력은 상당했다. 2012년 인도경제 성장률은 5% 미만이 될 것으로 많은 사람들이 예측했다. 다만, 몬순이 정상적으로 와서 농업생산의 증가율이 4~5%에 이를 것으로 예측되어 이것이 반영된다면 5% 이상 될 수도 있는 것이 적지만 위안이 되는 예측이다.

이와 같은 2013 회계연도의 인도경제의 불확실성하에서 활동한 인도기업들은 우선 100대기업을 기준으로 볼 때 상대적으로 좋은 실적을 내고, 미래 성장을 위한 준비도 잘 했다라고 평가받고 있다. 그렇지만 그 안에서도 큰 회사들이 중간규모나 작은 회사들에 비해 더 좋은 실적을 거두었다 라는 평가를 받는다. 그 이유는 상대적으로 작은 규모의 회사는 큰 회사들에 비해 수요위축, 높은 인플레이션과 이자율로부터 더 많은 고통을 받았다. 인도 100대 회사들은 총 매출액에서 402,263억 루피(약 6,700억 달러, 60루피/달러)로 2012년 358,641억 루피에 비해 약 12% 성장한 반면 101번째 회사에서 200번째까지의 회사 매출액은 2012년에 비해 거의 나아지질 않았다. 대외적으로 수출을 주로 하는 소프트웨어, 제약 기업들의 실적이 좋았고 반대로, 위축된 내수위주로 금속, 부동산, 인프라 및 건설, 자동차, 설탕 등의 기업들의 실적이 좋질 않았다. 소프트웨어 기업으로 타타그룹의 일원인 TCS, 그리고 또 다른 소프트웨어 기업인 Infosys는 매출이 각각 28%, 19% 상승했는데 이와 같은 매출증가는 상당수 루피 화의 평가절하에 기인한다. 또한 치약, 생수 등 일용소비재(FMCG) 부문 회사들도 농촌 수요증가 등에 따라서 두자리 숫자의 매출 성장을 기록했다. 반면 금속회사인 Tata steel은 매출이 1% 성장에 그쳤고, 대표적 부동산 개발회사 DLF의 매출은 19% 감소, 풍력전문 인프라회사 Suzlon energy 11.5% 감소, 설탕회사 Bajaj Hindustan 14% 감소, 모터 사이클 회사 Hero motors 1% 증가에 그쳤다. 반면 전력회사 중에는 새로운 발전소를 준공한 Reliance power, Tata power는 133%, 27% 매출 증가 했다.

•• 부동산 개발회사 DLF가 Gurgaon에 짓고 있는 아파트(뒤) (바로 앞에도 Metro 공사가 진행 중이다)

수익 면에서는 100대 회사들은 2013년 총 27,709억 루피를 벌었고 이는 2012년 25,279억 루피에 비해 약 9% 증가했다. 100대 회사 중 석유공기업 ONGC, 민간기업 Reliance industry 등 총 6개 회사가 1,000억 루피(약 16.7억 달러) 이상의 이익을 내었고 Tata motors 등 500억 루피(약 8.3억 달러) 이상을 번 회사는 총 16개 회사였다. 그 다음의 200대 회사까지의 수익실적은 거의 36%나 감소했다. 전반적으로 2013년도 100대 회사 수익은 2012년보다 낮고, 수익성장률 또한 낮아졌다. 하지만 그 중에서 제약관련 회사들은 높은 이익성장률을 기록했는데 이는 제약이 가진 지출을 쉽게 줄이거나 연기할 수 없는 특성이외에도 상당수는 지분매각 및 변동에 따른 1회성 수익증가에 기인한 것이다. 일례로 91순위의 Fortis Healthcare는 2012년 수익이 6.7억 루피에서 56.4억 루피로 742% 증가했는데 이는 싱가폴 자회사의 지분을 팔고, 또한 오스트레일리아의 또 다른 자회사활동을 중지시키면서 비용을 차감해서 이루어진 결과이다. 또 다른 특색은 국영 공기업회사의 전반적인 수익이 정부의 가격통제 등의 영향을 받아 급감했고 인프라관련 기업들의 수익도 줄어들었다. 예로, 78위 건설회사 Jaypee Infra의 수익은 129억 루피에서 69억 루피로 46%나 줄었다.

2013년 인도 100대 회사 실적의 또 다른 특이점은 대부분 회사들의 순 고정자산이 상당히 큰 폭으로 감소한 점이다. 그 이유는 기업들이 높은 이자율 및 환율에 부담을 느끼고 빚과 투자를 줄이면서 구조조정 했기 때문이다. 100대 회사의 총 순 고정자산은 2012년 192,500억 루피에서 2013년 149,300억 루피로 약 22% 떨어졌다. 인도기업들도 과거와 달리 좋은 기업을 매각해서라도 부채를 줄이고 있다. 대표적으로 시멘트회사 JP Associates는 수익이 나는 구자라트 주 시멘트공장을 팔았고, 인도의 대표적 부동산 개발회사인 DLF,

GMR도 빚을 줄이기 위해 많은 자산을 매각했다. 반면 외국계 회사면서 다국적 생활용품회사인 Hindustan Uniliver Limited 와 다국적 제약회사 Glaxo는 인도경제에 대한 장기 포지션을 취하면서 자회사의 지분을 증가시켰다. 인도 기업들이 투자를 줄이는 와중에도 몇몇은 과감한 투자계획을 발표했는데 Reliance industry는 앞으로 3년간 약 15,000억 루피(약 250억 달러)의 투자계획을 발표하고, 소매기업 Future Retail은 투자를 통해 지난해 고정자산을 약 40% 늘렸고, 선박회사 Shipping corporation of India도 고정자산을 약 25% 늘렸다.

이와 같이 인도기업들의 어려움을 헤쳐가면서 미래를 대비하려는 노력은 인도주식시장에서 투자자들로부터 호의적인 반응을 받는 것으로 보인다. 봄베이주가지수(BSE)는 불확실한 시장의 영향을 받아 변동성이 증가해서 2013년 8월 말 17,500포인트 선까지 떨어졌던 것에서 인도경제와 인도기업에 대한 기대감으로 해외자금이 유입되면서 2014년 1월 안정을 되찾고 주가지수가 최고점인 21,000포인트 안팎에서 거래되고 있다. 2013년 인도 주식시장에서 가장 주목을 받은 주식은 소프트웨어회사 TCS인데 이 회사는 2012년 주식총액 2위 25,300억 루피에서 약 60%가 뛰어올라 1위 40,614억 루피가 되었다. 2012년 1위였던 석유화학회사 Reliance

Industry가 4,000억 루피가 상승한 2위의 29,509억 루피를 기록한 것을 큰 폭으로 제쳤다. 주식총액기준 2012년 10대 회사에서 Tata steel과 공기업 Indian oil company가 밀려났고 대신에 또 다른 소프트웨어 회사 Infosys와 담배 및 생활용품 회사인 ITC, 제약회사 Sun pharma가 들어갔다. Tata steel은 자회사인 영국계 Corus steel의 큰 폭 적자 때문에 기업가치가 하락하면서 밀려났다. Sun pharma는 주식총액이 2012년 7,252억 루피에서 13,062억 루피로 80% 상승하여 2012년 31위에서 2013년 9위의 회사로 상승했다.

인도기업들이 2014년을 보는 시각으로는 5월에 예정되어 있는 총선에서 유권자가 집권당을 분명하게 선택하고 따라서, 안정된 집권세력이 탄생하여 그동안 미뤄두었던 개혁정책을 과감하게 실천하여 불확실성을 제거하고, 그러면서 새로운 정부가 토지획득, 환경규정 등에서 친 기업적인 투자여건을 조성해 줄 것으로 기대한다. 반면 외부에서 인도 기업을 보는 시각은 인도 내 소프트웨어 및 제약회사들이 내수침체에도 매출액이나 수익에서 별로 영향을 받지 않은 것 같이 기술 및 가격수준 등 여러 제약을 극복하면서, 시장개척에 내수만이 아니라 국외로 시각을 돌려 적극적인 수출촉진정책을 펴야할 것으로 보고 있다.

9-3. 경제성장률과 달리 건실한 기업 실적 유지

2008년 세계금융위기 이후에도 인도경제는 위기의 영향을 받은 여타 나라들과 달리 한동안 고성장을 유지하였다. 하지만 2010년 1분기에 전년대비 9.2%의 분기별 성장률을 기록한 다음 계속해서 하향하는 추세를 보여 왔다. 2012년 들어서도 5% 초반대의 성장률이 연속 3분기 지속했기 때문에 많은 사람들이 과거와 다른 낮은 성장률의 인도 경제에 대해 우려의 눈길을 보내고 있다. 그렇지만 이러한 우려와는 달리 인도의 기업실적은 상대적으로 건실한 면을 보였다. 2012년 공기업을 포함 인도 100대 대기업의 매출은 루피화 기준으로 전년도에 비해 약 26% 증가한 36조 5000억 루피를 기록하였다. 이는 미 달러화로 환산 약 7,300억 달러에 달하는 액수이다. 그리고 이에 따른 순이익은 매출액의 7.7%수준인 2조 8100억 루피(약 562억 달러) 였다.

인도기업이 직면한 대외적인 불리한 여건 즉 세계경제불황 이외에도 많은 전문가들이 인도 내 기업성장률의 걸림돌로 꼽는 것은 정부가 해야 할 것을 미루고 기업에게 불확실한 정책을 펴는 것이다. 인도의회는 통상 1개 정당으로는 집권정부를 꾸리기가 어려워 연립정부로 구성이 되는데 그럴 경우 세워진 연립정부는 구성원들의 눈치를 살펴야 하는 관계로 정책을 제대로 펼 수 가 없었다. 단적인 예로 인도정부는 중요한 결정을 미루다 최근에야 정부보조금이 투입되는 디젤 가격을 리터당 5루피 인상했고, 보조금을 받는 LPG 구입을 가족 당 연간 실린더 6통으로 제한했다. 또한 2012년 9월에 멀티(multi) 브랜드 소매업의 외국인투자 허용을 발표했으나 집권 연립정당 내부구성원 및 지방정부의 반대로 실행을 연기했다.

· · 2013년 퇴임한 타타그룹 회장(Ratan Tata)과 신임회장 (Cyrus Mistry)

2012년도 인도 100대기업들의 실적은 5% 초반의 상대적으로 낮은 경제성장률에 비해서는 건실하다고 평가받는다. 기업들은 그동안 해온 사업동력을 유지했을 뿐만 아니라 여러 기업들이 사업 범위를 국외로 확대하였다. 100대 기업 매출액을 기준으로 1위는 40,892억 루피(약 800억 달러, 전년대비 33% 상승)를 한 공기업 IOC(Indian Oil Company)이고 2위는 35% 증가한 민간 석유화학기업 릴라이언스(Reliance) Industry Limited 인데 35,850억 루피(약 700억 달러)를 달성했다. 10위내에 든 기업들은 석유, 가스, 석탄 등의 공기업이 5군데이고 민간기업 Reliance Industry, 타타(Tata) 자동차, Tata 스틸, 알루미늄 및 구리기업 Hindalco와 통신회사 Bharti 가 포함되어있다.

인도 100대 기업의 이익률은 전반적으로 큰 회사들은 상대적으로 높았던 반면 작은 회사들은 낮은 수익률을 기록해 부익부 빈익빈 현상이 두드러졌다. 석유 등 공기업들은 국제가격이 상승한 원자재 때문에 수익률이 높았고 매출액 5위의 Tata 자동차는 국외브랜드인 랜드로버 및 재규어 판매 증가 덕분에 2011년대비 47%가 상승한 1,357억루피(약 27억 달러, 이익 액수기준 4위)의 이익을 거두었다. 기업들은 전반적으로 두 자리수가 넘는 이자율, 수요 감소, 달러당 50루피를 뛰어넘는 높은 환율에 따른 원자재 값 상승, 이에 따른 전기료 등 부속비용, 인건비 상승 등 비용부담이 증가한데에 비해 제품원가 상승을 소비자들에게 쉽게 전가해서 반영시킬 수 없었던 어려운 상황에서 사업을 하였다. 인도 기업실적에서 시멘트, 제약, 포장식품 등 필수소비재(Fast Moving

Consumer Goods), 등의 기업이 좋은 성적을 거둔 반면 항공, 해운, 소비내구재는 전반적으로 실적이 낮았다.

하지만 많은 전문가들은 2013년도의 인도경제 상황 및 기업여건은 2012년 말부터 서서히 호의적으로 변하고 있는데 우선 인도정치상황이 2014년도 5월에 치룰 총선에 대비해 정부는 2013년 무엇인가를 보여주려 하면서 과거와 달리 과감한 정책을 펼 것을 예측한다. 경제상황이 좋아진 구자라트(Gujarat)주 및 교육 등 삶의 여건이 많이 개선된 비하르(Vihar)주에서 야당정부가 장기간 집권하고 있는 것이 반면교사가 되고 있다. 또한 그동안 년 7%를 넘어선 인플레이션이 조만간 1% ~1.5%가 내려가 6% 수준에서 안정될 것으로 기대됨에 따라 인도중앙은행도 기준금리를 내려 기업의 채무부담이 줄어들 것으로 보인다. 인플레이션이 안정되면 소비자들의 구매력이 올라가 역시 기업매출에 긍정적으로 영향을 줄 것이다. 또한 국제적으로도 석유가격이 안정되면 인도의 높은 환율 및 국제수지적자, 재정적자 등을 억누르고 있는 부담이 줄어들고 기업의 활동여건에도 긍정적 영향을 끼칠 것으로 예상된다. 따라서 인도의 기업 및 경제상황은 2013년 들어 극적이지는 않더라고 점진적으로 좋아질 것으로 보인다.

9-4. 공기업 주식매각

인도정부는 경제자유화 이후 단계적으로 공기업의 주식매각을 추진하고 있다. 1990년대 경제자유화 이전에는 석유화학관련기업을 제외한 거의 모든 공기업들이 적자를 내면서 후진 인도경제의 상징이 되다 시피 했다. 하지만 경제자유화 이후 인도 공기업들은 한편에서는 기존의 독점 및 과점 체제 하에서 사업을 하고 다른 한편에서는 새로 생겨난 민간 기업들과 경쟁하면서 활력을 찾고 인도경제의 한 축으로 성장하고 있다. 이에 인도정부는 경제자유화이후 실적이 좋아진 공기업의 단계적 주식매각을 통해 높은 경제성장률을 유지하고 있는 인도경제에 새로운 활력을 불러일으키고 다른 한편으로는 쉽게 줄어들지 않고 있는 정부재정적자를 GDP대비 2012년 목표 5.3%대로 줄이기 위해 주식매각대금으로 보전하고자 하고 있다.

인도정부는 1990년대 경제자유화 이후 2011년까지 약 50개 공기업의 11,300억(50루피/1달러기준, 약 226억 달러) 루피 주식을 매각하였다. 2009년도에는 2,355억 루피(47.1억 달러), 2010년에는 2,214억 루피, 2011년에는 인도의 원유 71%, 천연 개스 81%를 생산하는 ONGC의 정부지분을 70%로 줄이면서 4.91%를 매각한 1,275억 루피를 포함 1,389억 루피(27.7억 달러)의 주식을 매각하였다. 2011년 말 이후 본격적으로 추진된 2012 회계년도의 매각시도는 Hindustan Copper의 5.88% 주식을 80.7억 루피(1.6억 달러)에 매각했고, 인도의 가장 큰 철광석회사 NMDC의 10% 주식을 약 600억 루피(12억 달러)에 매각했다.

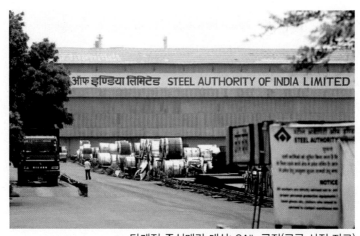

•• 단계적 주식매각 대상: SAIL 공장(구글 사진 자료)

2013년 3월말까지 진행되는 2012년도 회기 중에는 앞으로 2,300억 루피를 더해 약 3,000억 루피(60억 달러)의 주식을 매각할 예정이다. 이를 위해 인도 동북부 아쌈주에 근거를 두고 있는 석유 및 가스 개발업체(OIL India), 전력업체(NTPC), 광물거래업체(MMTC), 발전설비업체(BHEL), 제철업체 2곳(Sail, Rinl) 등의 일부 주식매각이 예정되어 있다.

이들 업체들은 정부가 80%이상의 지분을 가지고 있는데 약 10% 가량을 매각할 예정이다. 이들 공기업들은 거의 분야별로 독점 및 과점업체들로 매출액 및 수익률에서 뛰어나 매각시장의 주목을 받고 있다. 인도정부가 공기업 매각을 서두르는 또 다른 이유는 법으로써 모든 공기업들이 2013년 8월까지 지분을 75%까지 낮추도록 했고 이 조항은 민간 기업에도 적용이 되어서 민간기업 181곳이 2,700억 루피(54억 달러)만큼 주식을 타인에게 매각해야 한다.

인도주식시장은 2012년 1월초에 비해 12월말 약 25%가 상승할 정도로 유동성이 풍부해 시장참가자들은 정부의 공기업 주식매각을 낙관적으로 보고 있다. 또한 2013년 들어 인도중앙은행 RBI가 앞으로의 정책방향으로 성장률 중시를 강조하면서 이자율이 하락할 것을 암시한 점도 주식시장에 긍정적 요소를 더하고 있다. 2012년 낮은 경제성장을 이끈 요인인 정부가 연립정부로 이루어져 다양한 구성원의 다른 주장들로 인해 확고한 정책을 펼 수 없어 경제의 불확실성이 커졌었다라는 점은 2013년 들어 정부가 2014년 총선을 앞두고 경제를 살리기 위해 과감한 정책으로 선회하면서 차츰 불확실성이 사라지고 있다.

인도정부는 공기업 주식매각에 외국인 기관투자가들이

많이 참여하기를 바라고 있다. 최근 매각을 한 철광석회사 NMDC주식 10% 매각에 이 회사가 인도에서 가장 큰 철광석채굴회사이면서 전 세계적으로 가장 저렴한 철광석채굴회사라는 점에 외국계 기관투자자들로부터 적극적인 반응을 받아 이들이 매각금액의 약 절반가량을 투자 한 것으로 알려졌다. 외국인기관투자자들은 2010년 293.6억 달러를 인도에 순 투자 했고, 2011년에는 인도경제의 상대적으로 침체를 예견하고 유로화 지역의 경제 불안정 등으로 인도에서 3.5억 달러를 순인출하였다. 하지만 2012년에는 다시 인도 주식의 매력이 돌아와 약 220억 달러를 순 유입하였다.

한국은 인도에 제조업 진출에 비해 금융 등 서비스업의 진출은 상대적으로 늦은 편이다. 신한은행을 비롯 몇몇 금융기관과 미래에셋이 델리, 뭄바이 등에 진출하고 있다. 이번 인도정부의 공기업 매각에 투자의 귀재 워렌 버핏이 포스코에 투자해 약 400만주(5.4%)를 보유하면서 수익을 거두듯이 우리의 기관투자가들도 앞으로 발전가능성이 높은 인도 공기업에 투자하기를 기대해본다.

9-5. 인도 근로자 임금인상 요구

인도에서 기업인들이 사업하기 힘든 이유 중에서 근로자문제 특히 무리한 임금인상 요구에 대한 대처를 첫손에 꼽는다. 지나친 임금인상 요구는 인도 다른 지역에서 보다 수도 델리 인근 하리야나주-라자스탄주로 뻗어가는 국도 인근에 위치한 기업들에게 빈번하다. 이들 델리 주변지역은 교통, 교육, 주거시설 등 인프라가 상대적으로 잘 갖춰져 과거부터 IT서비스, 식품, 제약, 의류, 자동차, 모터사이클 등 소비재 산업기업들이 밀집해 있고 외국인 투자기업들 역시 선호하는 투자지역이다. 반면 부지 수요에 비해 공급이 부족하여 특히 델리-하리야나-라자스탄으로 이어지는 국도주변으로 계속해서 새로운 산업단지가 들어서고 있다. 이들 지역에는 일본의 스즈키 자동차회사가 합작한 인도 1위의 승용차회사인 마루티-스즈키(Maruti Suzuki India limited)사를 비롯해, 역시 인도 1위의 모터사이클회사인 Hero사, 자동차 부품회사인 Delphi Automotive System 등이 있다.

2012년 마루티-스즈키사의 임금인상요구에 폭력사태가 일어나 회사 인사담당자가 사망하고 공장이 오랫동안 폐쇄되는 큰 소요가 있었다. 당시 근로자들은 앞으로 3년 동안 그 해 받던 수령액의 4배에 해당하는 금액으로 임금을 올려줄 것

과, 별도로 저렴한 주택대출, 늘어난 휴가를 요구했다. 소요
결과 승용차 16만대의 생산차질과 약 500억 루피(약 10억 달
러)의 매출손실이 발생했고 결국 협상으로 50%의 임금상승,
무이자 대출, 증가된 의료혜택 등으로 타협을 보았다. 2013
년에 모터사이클 회사인 Hero사가 협상에서 근로자들은 앞
으로 3년 동안 급여로 숙련 근로자가 받는 월 약 5만 루피(약
1천 US$)의 곱절에 해당되는 10만 루피(약 2천 US$)로 올려
줄 것과 별도로 주거보조와 무이자 대출을 요구하고 있다.

··Gurgaon 지하철역 주차장에 주차된 상당수의 Hero사의 Motorcycle

　근로자들의 이와 같은 주장의 근거는 높은 물가상승 그 중
에서도 특히 주거비의 상승을 들고 있다. 이들 공단이 위치
한 지역을 포함한 인도전역의 주택사정은 심각하며 임차인을

보호한다는 명목으로 과거에 제정한 지나치게 이념적인 임대료 통제법(Rent Control Act), 부유세법(Wealth Tax Act)과 같은 규제와 높은 이자율 등 제약조건으로 주택공급이 원활하지 못해 임대료가 치솟고 있는 실정이다. 물론 협상 결과에 따라 달라질 수 있겠으나 기업들로는 과거에 경험하지 못했던 인도의 저임금의 매력을 사라지게 하는 요구이다.

이와 같은 임금인상 요구의 다른 원인 중에는 기업에 필요한 숙련노동자의 부족이 있다. 자동차산업의 경우만 보아도 저명한 자동차관련 시장조사기관 JD Power에 따르면 지난 2011년까지 10년간 인도자동차산업에 약 10584.7억 루피(200억 달러 이상)가 투자되었고 2012년 약 30만 명의 숙련근로자가 부족하다고 한다. 이는 최근 매년 거의 20%의 임금상승으로 이어졌다. 또한 자동차산업이 경쟁력을 유지하기 위해서는 근로자를 고용하는 유연한 노동관련 제도가 필수적인데 인도는 1947년 제정된 산업분쟁법(Industrial Dispute Act) 등 100여개의 노동 관련 법안들을 경제자유화 이후 대다수가 개정의 필요성을 느끼고 있으나 집권 연립여당에 소속된 공산당 등의 좌파이념으로 인해 쉽게 개정을 하지 못하고 있다.

그 결과 소수의 조직화된 근로자의 기득권에 볼모로 잡히고 회사가 계획하는 자동화의 도입을 반대하는 등의 영향력을 발휘해 기업들이 투자를 꺼려하면서 인도경제 전반이 불이익을 받고 있다. 기업들이 정규직고용을 꺼리면서 대신 근로 조건을 쉽게 변경할 수 있는 외주(Outsourcing)로 많은 일을 처리하고 있으면서 이 일을 담당하는 수많은 계약근로자들과 비정규 근로자들이 손해를 보고 있다. 이들 계약근로자와 비정규 근로자들은 같은 일을 하면서도 정규직의 50% ~ 70%의 임금을 받으면서 노동법 규정 밖에 놓여 있다. 이들 근로자들은 상시 해고될지도 모르는 위험에 처해있고 불만에 차있어 늘 노동소요의 주된 원인이 되기도 한다.

최근 인도기업들은 근로자들의 임금인상 요구와 더불어 인도경제의 침체된 성장으로 인한 매출감소, 높은 이자율, 전력요금 및 원자재 가격 상승 등 여러 가지 어려움에 직면하고 있다. 이에 인도기업들은 근로자들의 합당한 요구는 들어 주지만 비용절약을 위한 여러 방안을 강구하고 있다. 마루티-스즈키사는 최근 약 5,000명에 달하는 계약직근로자들을 정규직으로 전환할 것을 약속하는 한편 비용절약 방안으로 새로운 근로자 일천여 명을 델리권이 아닌 임금이 상대적으로 저렴한 멀리 구자라트 주에서 데려오는 것을 강구중이다. 아울러 마루티-스즈키사의 차기 공장을 아예 구라자트 주에 짓기로 했다. 이와 같은 근로자의 임금인상 요구는 2012년 한국기업에도 영향을 끼쳐 인도 승용차 2위 기업 현대자동차 (Hyundai Motor India Limited)는 첸나이 공장 근로자들의 임금을 앞으로 3년간에 걸쳐 평균 45% 인상하기로 동의했다.

최근 들어 더욱 높아진 인도 근로자의 임금인상은 기업들로 하여금 고용을 꺼리게 하고 제조업에 대한 투자를 위축시킬 뿐만 아니라 외국인 직접투자(FDI) 유치에 마이너스로 작용 한다. 인도 보다 유연한 근로조건을 가진 중국은 물론 말레이시아, 베트남, 인도네시아 등이 외국인 직접투자 유치를 많이 한다는 것은 잘 알려져 있다. 인도의 GDP에서 제조업 비중은 중국의 40%에 훨씬 못 미치는 28%로서 지속적인 경상수지 적자, 고용창출 능력 부족 등 많은 문제점을 보이고 있다. 기업들이 고용을 꺼리면서 선진국에서나 흔히 볼 수 있는 고용 없는 성장이 이미 인도에서 나타나고 있다. 계약직 및 비정규직이 만연한 불안정한 노동관계는 인도 근로자들의 생산성에도 영향을 미쳐 2010년 세계경제포럼(World Economic Forum) 글로벌 경쟁력지수(Global Competitive Index) 발표에서 인도 근로자들의 효율성은 전 세계 139국 중에서 92순위로 낮게 나타났다. 인도는 일할 수 있는 젊은 층이 많은 인구구조상의 장점을 살려 앞으로 고용을 늘리면서 경제대국으로 나가기 위해서는 시대에 뒤쳐진 노동관계법, 임대료 통제법, 부유세법 등을 경제 상황을 뒷받침 하도록 법 개정을 우선적으로 하여야 할 것이다.

찾아보기

저자 | 이 한 상

··약력
현, 영산대학교 인도비즈니스학과 교수
국제경제학박사, 인도지역 전공
인도 네루대학교 Ph.D
미국 컬럼비아대학교 석사
한국외대 인도학과, 무역학과 학사, 석사

··경력
영산대학교 인도연구소장 역임
광양만권경제자유구역청 투자유치 직원
세계경제연구원 연구실장
한국외대 인도학과, 무역학과 강사

··논문 및 저서
인도시장의 제도적 여건이 기업구조에 끼친 영향(2015) 외 다수
인도경제와 사회적여건(저서, 2003)

인도시장과 경영

초판 인쇄 | 2016년 3월 25일
초판 발행 | 2016년 3월 25일

저　　자 이한상

책임편집 윤수경

발 행 처 도서출판 지식과교양
등록번호 제2010-19호
주　　소 서울시 도봉구 쌍문1동 423-43 백상 102호
전　　화 (02) 900-4520 (대표) / 편집부 (02) 900-4521
팩　　스 (02) 996-0041
전자우편 kncbook@hanmail.net

ISBN　978-89-6764-054-5　03320
정가 20,000원